AF476458

ÉDUCATION MORALE ET CIVIQUE

BIBLIOTHÈQUE DE LA JEUNESSE FRANÇAISE

PREMIÈRE SÉRIE

HISTOIRE

DU

CONSULAT ET DE L'EMPIRE

HISTOIRE

DU

CONSULAT ET DE L'EMPIRE

PAR

E. GUILLON

Professeur d'histoire au collège Rollin.

Préface de M. H. CARNOT

Sénateur, membre de l'Institut

BIBLIOTHÈQUE NATIONALE
R.F.
IMPRIMÉS

PARIS

LIBRAIRIE CENTRALE DES PUBLICATIONS POPULAIRES

H.-E. MARTIN, DIRECTEUR

45, RUE DES SAINTS-PÈRES, 45

1883

TOUS DROITS RÉSERVÉS.

Bonaparte Consul.

PRÉFACE

BIBLIOTHÈQUE NATIONALE R.F. IMPRIMÉS

Notre ami, M. Henri Martin, a bien voulu se faire l'introducteur de la première partie de cet ouvrage. La seconde partie ne sera pas moins utile pour l'*éducation morale et civique de la jeunesse française*.

Le premier volume lui a montré comment notre nation, après avoir solennellement exprimé en 89 la volonté de réformer ses institutions fondamentales, fut contrainte par des résistances insensées, qui appelaient criminellement l'étranger à leur aide, de passer de la réforme à la révolution ; comment, par des efforts héroïques à la frontière, par des efforts convulsifs au dedans, la France imposa la paix à l'Europe et fonda chez elle les institutions démocratiques.

Le second volume va lui dire comment un ambitieux de génie, profitant des lassitudes de l'esprit public, qui venait de subir plusieurs années d'agitation, réussit par un coup de main militaire à renverser un gouvernement mal assis pour y substituer son pouvoir personnel ; comment il entraîna dans les guerres de conquêtes un peuple qui s'était promis de ne prendre les armes que pour la défense du sol national.

La Révolution française avait pu combattre les rois sans s'aliéner le cœur des peuples, quoiqu'ils fussent enrôlés sous l'étendard monarchique. Cet homme raviva des nationalités étrangères en cherchant à les anéantir, et souleva contre la France, que l'on identifiait avec lui, les principes de liberté qu'elle avait proclamés. La France, qu'il avait reçue g[illegible] glorieuse, il la jeta haletante, affaiblie, humiliée, aux pieds de la race royale qu'elle venait de chasser.

Cet homme a pris une place excessive dans notre histoire. En lisant ici le poème tragique de sa vie, la jeunesse apprendra quelles peuvent être les erreurs du génie quand il n'est pas allié au sens moral.

H. CARNOT.

Février 1883.

HISTOIRE

DU

CONSULAT ET DE L'EMPIRE

I

LE CONSULAT ET LA NOUVELLE CONSTITUTION. LE PREMIER CONSUL BONAPARTE

Le décret qui instituait le Consulat provisoire adjoignait aux consuls deux commissions législatives, destinées à remplacer les deux Conseils, et à préparer une Constitution nouvelle[1]. Ces deux commissions, celle des Cinq Cents présidée par Lucien Bonaparte, et celle des Anciens, présidée par Lebrun, se mirent au travail dès le lendemain de brumaire, sous la direction — et sous la surveillance — de Bonaparte.

L'occasion était enfin venue pour Sieyès de mettre au jour la mystérieuse Constitution qui emplissait son cerveau. Il l'exposa devant la Commission, avec la préci-

[1] Nous nous permettons de renvoyer le lecteur, pour tous les faits qui précèdent, à notre *Petite histoire de la Révolution*. 1789-1799.

sion d'un légiste, et la complaisance d'un père. Mais Bonaparte n'en accepta que ce qui pouvait servir ses propres desseins, et en rejeta ce qui les pouvait contrarier. Il admit les *listes de notabilités* qui annulaient le pouvoir populaire, et servaient à épurer, et, pour ainsi dire, à filtrer la volonté nationale. Il admit les différentes assemblées qui fractionnaient le pouvoir législatif. Il n'admit rien de ce qui aurait entravé le pouvoir exécutif. Tous les deux ne s'entendirent que sur ce principe de Sieyès, que « la confiance devait venir d'en bas, le pouvoir d'en haut. » Aussi, la Constitution de Sieyès, revue et corrigée par Bonaparte, devint-elle la *Constitution de l'an VIII*.

Le pouvoir exécutif était confié à 3 consuls, dont les attributions étaient fort inégales. Le premier consul nommait les officiers de terre et de mer, les ambassadeurs, les conseillers d'Etat et les juges. Il dirigeait la guerre et la diplomatie. Il avait toute la réalité du pouvoir. Le second et le troisième consuls n'avaient que voix consultatives. Tous les trois étaient élus pour 10 ans, et rééligibles.

Le pouvoir législatif était partagé entre plusieurs corps politiques. Le *Conseil d'Etat*, organe du gouvernement, préparait les lois, et les présentait au *Tribunat* (100 membres) qui discutait, sans voter, devant le *Corps législatif* (300 membres) qui votait sans discuter. Le *Sénat Conservateur* veillait à la garde de la Constitution, et désignait les membres du Tribunat et du Corps Législatif.

Le Sénat, après s'être recruté lui-même, devait composer les autres assemblées au moyen des *listes de notabilités*.

Tous les Français, âgés de 21 ans, étaient électeurs. Ces 5 ou 6 millions d'électeurs choisissaient un dixième d'entre eux, et formaient ainsi les *notabilités communales*, où le premier consul prenait les fonctionnaires de l'arrondissement. Les 5 à 600.000 électeurs incrits sur les listes communales, choisissaient un dixième d'entre eux pour former les listes *départementales*, où le premier consul prenait les fonctionnaires du département. Enfin, les 50 à 60.000 élus de ces listes départementales, choisissaient un dixième d'entre eux pour former la *liste nationale* de 5 à 6.000 noms, où le Sénat prenait les membres du Tribunat et du Corps Législatif, et le premier Consul, ses conseillers d'Etat et ses ministres.

La Constitution de 1791 donnait le pouvoir à la représentation nationale pour affaiblir l'autorité centrale. Celle de l'an VIII brisait en morceaux la volonté populaire pour y substituer une centralisation empruntée à l'ancien régime ; aussi, la première avait-elle inspiré les assemblées de la Révolution, tandis que la seconde devait servir de modèle aux gouvernements réactionnaires. L'une était un instrument de liberté ; l'autre fut un outillage de servitude.

La Constitution terminée le 13 décembre 1799 fut promulguée le 15, et soumise à un plébiscite qui l'approuva par 3.111.107 voix, contre 1.567.

Sieyès ne voulut pas demeurer, comme second consul, aux côtés d'un homme dont l'ambition se révélait avec tant d'âpreté. Il se résignait à être complice, il n'entendait pas rester dupe. Il prit la présidence du Sénat avec un gros traitement, et le beau domaine de Crosne, près de Paris, à titre de « récompense nationale. » Roger-Ducos, qui n'était que son ombre, se retira avec lui. Bonaparte les remplaça l'un et l'autre, par *Cambacérès* (2e consul), jurisconsulte habile, ancien conventionnel, homme d'esprit, mais sans caractère, et par *Lebrun*, ancien fonctionnaire de la monarchie, médiocre, travailleur et dévoué.

Le 25 décembre, Bonaparte choisit le Conseil d'État. Sieyès et Roger-Ducos nommèrent 29 sénateurs qui, avec eux, firent 31, et ces 31 en nommèrent 29 autres. Ce sénat, improvisé de 60 membres, qui devait être porté à 80, puis à 100, désigna les membres du Tribunat et du Corps Législatif, de telle sorte, qu'avec l'année 1800, commença sous le nom de *Consulat*, le gouvernement de Bonaparte.

« Bonaparte est de petite taille, assez mal proportionné, parce que son buste, trop long, raccourcit le reste de son corps. Il a les cheveux rares et châtains, les yeux gris bleu, son teint jaune, tant qu'il fut maigre, devint, plus tard, d'un blanc mat et sans aucune couleur. Le trait de son front, l'enchâssement de son œil, la ligne du nez, tout cela est beau, et rappelle assez les médailles antiques. Sa bouche, un peu plate, devient agréable quand il rit : ses dents sont assez régulièrement rangées ; son menton est un peu court, et sa mâchoire lourde et carrée. Il a le pied et la main jolis. Je le remarque, parce qu'il y apportait une grande prétention. »

Tel est le portrait que trace du premier consul une des personnes qui l'ont le mieux connu, et le plus finement dépeint, Mme de Rémusat[1]. Il avait alors un peu

[1] Les mémoires de Mme de Rémusat qui vont de 1802 à 1808

plus de trente ans, étant né à Ajaccio le 7 janvier 1768 ou le 15 août 1769. En dépit de biographes qui le font naître le 15 août, la date de sa naissance est encore incertaine.

Il était fils de Charles Bonaparte qui mourut de bonne heure, en 1785, et de Lœtitia Ramolino, qui survécut longtemps à son mari et même à son fils. (Elle ne mourut qu'en 1836.) Il avait été précédé d'un frère aîné Joseph, et il fut suivi de frères plus jeunes, Lucien (1775) Louis 1778) et Jérôme (1784), ainsi que de trois sœurs, Élisa, Pauline et Caroline.

C'est dans cette famille nombreuse, et qui fut toujours besoigneuse que grandit Bonaparte, jusqu'à dix ans. Il n'eut rien d'un enfant extraordinaire, il ne fut qu'un enfant désagréable. « Rien ne m'imposait, dit-il, lui-même. Je ne craignais personne. Je battais l'un, j'égratignais l'autre, je me rendais redoutable à tous. » Et il ajoute, « mon éducation fut pitoyable. » (Mémoires de Sainte-Hélène). Il fallut bientôt s'en délivrer et alléger d'ailleurs les charges de la famille.

Les Bonaparte, originaires de la Toscane, mais établis en Corse dès la fin du XVIe siècle, s'étaient trouvés mêlés aux luttes que soutint la Corse contre Gênes et contre la France au XVIIIe siècle. Charles Bonaparte, avocat à Ajaccio, s'était montré un des plus actifs partisans de l'annexion française en 1768. M. de Marbeuf, gouverneur militaire de la Corse, fit envoyer le jeune Napoléon comme boursier au collège d'Autun, en 1779.

ont été publiés récemment (3 vol. 1879-1880). Mme de R. était bien placée pour voir ce qu'elle raconte. Elle était dame d'honneur de Joséphine.

Il y apprit le français, et passa trois mois après à l'école militaire de Brienne[1].

Il resta cinq ans à Brienne sous des maîtres habiles, parmi lesquels se trouvait le futur général Pichegru, alors répétiteur de mathématiques, et au milieu de camarades nobles et riches, dont il était jaloux. « Je vivais à l'écart de mes camarades, disait-il plus tard à « Mme de Rémusat. J'avais choisi dans l'enceinte de « l'Ecole un petit coin où j'allais m'asseoir pour rêver « à mon aise... on ne m'aimait guère à l'Ecole. » Où fut-il aimé jamais?

Ces années d'études ne présageaient pas une haute fortune. L'élève Bonaparte semblait modestement destiné à la marine. Ses examens, ses goûts, les conseils de M. de Marbeuf l'y poussaient à la fois, tandis qu'on aurait fait de Joseph un prêtre, et de Lucien un officier. Par une nouvelle faveur il entra à l'Ecole militaire de Paris, en 1784. Il en sortit, l'année suivante, avec le numéro 42, non pas comme marin, mais comme sous-lieutenant d'artillerie au régiment de la Fère (octobre 1785). Il fut alors réduit à une existence monotone de garnisons (Douai, Dôle, Auxonne, Grenoble, etc.,) de congés et de voyages, pendant laquelle il ne fut pas plus un officier modèle qu'il n'avait été un élève brillant, car sur les 69 mois qu'il compta dans les cadres du régiment il en passa 35 en congé[2].

[1] Aujourd'hui Brienne-le-Château (Aube).

[2] Ces années de jeunesse de Bonaparte, si longtemps tenues dans l'ombre, viennent d'être mises en pleine lumière par le livre du colonel Jung, qui abonde en documents inédits : *Bonaparte et son temps* (1769-1799) 3 vol. 1881.

Survint 1789. Bonaparte en accueillit les principes. « Je ne comprenais pas grand chose à la Révolution. Cependant elle me convenait. L'égalité qui devait m'élever me séduisait. » (Mémoires de Mme de R). L'égalité, pour lui, c'était l'avancement.

Il ne fut pourtant nommé lieutenant qu'au mois de juin 1791. Aussi, dans un de ses voyages en Corse, il se fit nommer lieutenant-colonel d'un bataillon de volontaires. Destitué le 1er janvier 1792, il revint à Paris, et à force d'intrigues, fut replacé dans son arme, où il devint capitaine, à l'ancienneté, en septembre 92.

Il se trouvait encore dans l'île de Corse, au commencement de 1793, pour prendre part à une expédition contre la Sardaigne, qui ne réussit pas. C'est au retour qu'eut lieu un des épisodes les plus singuliers de la vie agitée de Bonaparte.

La Corse était alors troublée par la présence de Pascal Paoli. Craignant de voir le grand patriote reprendre ses menées séparatistes, la Convention voulut l'envoyer comme lieutenant général à l'armée des Alpes. Agitation, protestation de la Corse, etc. Adresse de Bonaparte à la Convention où il se laissait aller à un enthousiasme dithyrambique en faveur de Paoli. — Avait-il conçu l'espoir de se tailler dans l'île une petite souveraineté, sous le couvert de Paoli ? Et plus tard, avait-il résolu de travailler tout seul ? — Quoi qu'il en soit, il dénonça peu après, à la Convention, dans un mémoire injurieux, ce même Paoli qu'il venait d'exalter, se fit nommer inspecteur général de l'artillerie dans l'île, et tenta un coup de force contre Ajaccio, sous prétexte de l'enlever aux *Paolistes*. La Corse se souleva, fit appel à l'Angleterre, et la famille Bonaparte dut se réfugier sur le continent, où elle vécut quelque temps aux portes de Toulon, dans une extrême détresse (juin 1793).

Bonaparte avait rejoint son régiment, le 4e d'artillerie, en juin 1793. Il servit dans l'armée du général Carteaux contre les fédérés de la Provence, qui voulaient rejoindre par la vallée du Rhône les insurgés de Lyon. Avec Carteaux, il reprit Avignon, rentra dans Marseille, fut fait chef de bataillon, après le combat d'Ollioules (septembre 93) et vint assiéger Toulon sous les ordres de Carteaux d'abord, puis de Doppet, enfin de Dugommier.

Sous les murs de Toulon, il ne semble pas avoir joué le rôle actif qu'on lui a prêté. Toulon succomba, grâce à l'habileté de Dugommier, un des plus nobles soldats de la Révolution, et grâce à l'énergie des représentants du peuple en mission : Barras, Fréron, Ricord, Robespierre jeune et Salicetti. En annonçant la victoire, Dugommier écrivait à la Convention Nationale : « La gloire doit en « être toute entière à mes braves frères d'armes. Je « cherche encore dans l'obscurité des rangs les soldats « qui se sont distingués, et je ne publierai les noms des « officiers, qu'après avoir fait connaître ceux qui les « ont secondés. Que le peuple voie donc ses représen- « tants donnant, au milieu de la nuit la plus dure, l'exem- « ple de la constance, au milieu du combat, l'exemple du « dévouement. Salicetti, Robespierre, Ricord et Fréron « étaient sur le promontoire de l'Éguillette, et Barras, « sur la montagne de Faron. Nous étions tous alors vo- « lontaires ! Cet ensemble héroïque était fait pour méri- « ter la victoire. »

Les rapports officiels ne nomment pas Bonaparte. Il n'en avait pas moins attiré l'attention de Robespierre jeune et de Barras, et sur leur proposition, il fut nommé général de brigade.

En le portant à ce grade, on l'avait chargé de fortifier les côtes de Provence. Il s'acquitta de sa mission, puis il alla commander l'artillerie de l'armée des Alpes, sous le général Dumerbion.

Bonaparte était revenu à Nice, en mai 94, et le temps qu'il y passa, jusqu'en juillet, fut comme un rayon de soleil après des jours sombres. Nice était pleine de gaîté et de mouvement. La présence des conventionnels en mission y provoquait de nombreuses réunions où affluaient les officiers de l'armée d'Italie. La famille Bonaparte s'y trouvait, heureuse d'échapper aux misères qu'elle venait de traverser. Les sœurs du général devenaient grandes et belles. Lui-même, en rapport constant avec Robespierre jeune et Ricord, abritait son ambition sous leur crédit tout-puissant. Il professait alors pour Robespierre une sincère admiration. Il devinait, dans le triumvir, un caractère despotique à l'image du sien, lui qui devait apparaître, dans quelques années, comme un *Robespierre à cheval* (Mme de Staël).

Tout à coup sa fortune naissante éprouva des revers inattendus. Le 9 thermidor renversa Robespierre. Bonaparte, compromis par son amitié pour son frère, fut arrêté et emprisonné, mais délivré, grâce à son compatriote Salicetti, après quelques jours de détention. (12-24 août 94). Il n'était pas au bout de ses épreuves. Un décret du comité, en mars 95, l'appela au commandement de l'artillerie dans l'armée de l'ouest, celle de Hoche.

Contrairement à ce que l'on dit, il ne répugnait pas à partir pour la Vendée, mais c'est son séjour à Paris qui l'en détourna. Paris était alors livré à la réaction thermidorienne. Il fallait rester à Paris, observer les événements, et voir les gens en place.

Pour échapper à la nécessité d'aller dans l'ouest, il s'était fait délivrer, par complaisance, un certificat de maladie, et Doulcet de Pontécoulant l'avait fait entrer au bureau topographique du ministère de la guerre. Mais son nouveau protecteur ayant quitté le comité de salut public, Bonaparte fut encore une fois désigné pour l'armée de l'ouest ; et comme, encore une fois, il se refusait à obéir, il fut destitué (15 septembre 1795).

Il songea alors à quitter Paris, et même la France. Il se proposait d'aller en Turquie organiser l'artillerie du sultan. Il resta cependant et s'attacha à la fortune de Barras. Barras le prit pour lieutenant au 13 vendémiaire. On sait comment il sauva la Convention. La victoire du 13 vendémiaire, en lui rendant son titre de général, lui ouvrit les salons de Paris, où il connut Joséphine de Beauharnais, et le conduisit au mariage[1] (9 mars 1795). Son mariage lui valut le commandement de l'armée d'Italie. La campagne d'Italie fonda sa réputation militaire, et mit le terme à ces tâtonnements pénibles, à cette inquiétude ambitieuse, à ces aspirations tour à tour satisfaites et déçues qui avaient jusque-là marqué sa carrière.

[1] Joséphine Tascher de la Pagerie était née à la Martinique en 1763. Elle avait épousé le vicomte de Beauharnais, en 1779. Elle était restée veuve en 1794 avec deux enfants : Hortense et Eugène.

On sait le reste : le secret dessein qui le conduisit en Egypte, son retour illégal et précipité, sa clairvoyance et son audace dans l'embarras intérieur du gouvernement, les deux journées du 18 et du 19 brumaire. « C'est une des époques de ma vie où j'ai été le plus habile. Chacun s'enferrait dans mes lacs, et quand je devins le chef de l'Etat, il n'existait point en France un « parti qui ne plaçât quelque espoir sur mon succès. » (Mém. de Mme de R).

Voilà pourquoi on ne protesta pas contre le coup d'Etat. On attendait, pour le juger, de voir à l'œuvre le gouvernement qui venait d'en sortir.

II

LE CONSULAT. GOUVERNEMENT INTÉRIEUR. CRÉATIONS ET RÉFORMES

A l'intérieur, le Consulat s'annonça comme un gouvernement de réparation et de concorde. Dans son premier ministère, Bonaparte avait fait entrer Talleyrand (affaires étrangères) et Fouché (police) : Talleyrand, ancien grand seigneur qui devait lui rallier les royalistes; Fouché ancien terroriste, qui devait lui conserver l'appui des Jacobins. Il rappela les proscrits du 18 fructidor, et laissa rentrer les émigrés. Il abolit les fêtes commémoratives du 10 août et du 21 janvier, et ne garda que celles du 14 juillet et du 21 septembre. Il n'en déploya pas moins une singulière vigueur contre les partis. L'ouest, agité par les royalistes, fut promptement pacifié par le général Brune, et Georges Cadoudal se retira en Angleterre (janvier-février 1800). En revanche, les républicains furent impliqués dans une conspiration imaginaire, et quelques-uns (Arena, Ceracchi, Topino-Lebrun), guillotinés plus tard (1801).

Les premiers actes de Bonaparte lui avaient valu de nombreuses adhésions. Il lui fallait davantage. La loi du 28 pluviose an VIII compléta la Constitution consulaire en créant un vaste système de centralisation administrative.

Le département fut organisé à l'image de l'Etat. Comme le premier consul dans l'Etat, un *préfet*, dans le département, fut investi du pouvoir exécutif, assisté d'un conseil de préfecture, qui fut comme une réduction du Conseil d'Etat, et d'un conseil général, qui fut le Corps Législatif du département. Le préfet, dans l'arrondissement (ancien district) fut représenté par un *sous-préfet*, assisté d'un conseil d'arrondissement ; dans chaque commune, par un maire, assisté du conseil municipal. Le gouvernement s'attribuait la nomination de tous ces agents qui furent couverts, dans l'exercice de leurs fonctions, par le fameux article 75.

L'organisation judiciaire fut adaptée à la précédente. Il y eut un tribunal criminel par département, un tribunal civil par arrondissement, une justice de paix par canton, 29 tribunaux dits *d'appel*, pour la France, ce qui supprima *l'appel circulaire* établi par la Constituante, et donna à l'appel une sanction plus haute ; une cour de Cassation. Les juges cessaient d'être électifs et temporaires. Ils étaient nommés par le gouvernement qui leur donnait comme une garantie d'indépendance, plus apparente que réelle, le privilège de *l'inamovibilité*.

Une administration compliquée est coûteuse. En outre, le trésor était vide. Bonaparte, aidé de l'habile ministre Gaudin, s'occupa beaucoup des impôts. Il en modifia la perception et la répartition. Pour la perception, il créa, dans la commune, un percepteur ; dans l'arrondissement, un receveur particulier, dans le département, un receveur général. Le receveur général dut verser un *cautionnement*, et souscrire des *obligations* payables à échéances fixes, qui devenaient pour l'Etat de véritables lettres de change, et qui facilitaient ses opérations budgétaires. La répartition fut confiée, non plus aux municipalités elles-mêmes, comme depuis 1790, mais à des fonctionnaires de l'Etat, contrôleurs et inspecteurs, qui formèrent *l'agence des contributions directes*. C'est, en effet, à ces seules contributions que l'Etat demandait alors son revenu. On y ajouta, plus tard, les impôts indirects, sous le nom de *droits réunis* (1804).

Grâce à ces mesures, le crédit public se releva, l'argent revint dans les caisses, le commerce et l'industrie se ranimèrent, et pour favoriser encore les échanges, Bonaparte fonda la *Banque de France* (1800).

Ces réformes financières du Consulat furent parmi celles qui ont le plus duré et qui ont le plus contribué à la prospérité du pays. Les autres, d'un domaine tout différent, ne tendaient qu'au développement du despotisme. Elles remettaient, pour de longues années, la France en tutelle, sans lui laisser de moyen terme entre la centralisation excessive de l'ancien régime et l'autonomie illimitée proclamée par la Constituante. Elles supprimaient cette indépendance locale qui est le meilleur apprentissage des libertés générales, et forçaient la France de tout attendre du gouvernement, ce qui est dangereux toujours, ce qui est désastreux parfois, quand le gouvernement ne suffit plus à sa tâche, et disparaît brusquement. Enfin, en multipliant les emplois et en subordonnant les services, elles allaient encore exercer sur l'esprit public une funeste influence. Entre des fonctionnaires et des soldats, quelle place restait-il pour des citoyens ?

Cependant une partie de la nation échappait à l'action de Bonaparte : c'était la société religieuse. Il entreprit de la dominer comme la société laïque. Tel fut le dessein du Concordat.

C'est une étude pleine d'intérêt que celle des cultes et des croyances religieuses sous le Consulat, étude nécessaire, d'ailleurs, pour apprécier le Concordat de 1801 et ses conséquences.

L'Assemblée Constituante n'avait pas réussi à organiser une église nationale. Aussi la Convention avait-elle pris le meilleur parti en séparant l'Eglise de l'Etat. L'article 353 de la Constitution de l'an III, disait : « Nul ne peut être empêché d'exercer, en se conformant aux lois, le culte qu'il a choisi. Nul ne peut être forcé de contribuer aux dépenses d'aucun culte. La République n'en salarie aucun. »

Au commencement du siècle, les cultes jouissaient d'une entière liberté. Deux clergés naguère ennemis vivaient côte à côte : le clergé *constitutionnel*, représenté par 50 évêques et 10.000 prêtres et qui occupait la grande majorité des églises alors ouvertes dans 34.000 communes ; le clergé *non assermenté*, qui ne comprenait que 15 évêques et quelques milliers de prêtres, sans paroisses. Auprès de ces deux catégories de catholiques subsistaient les diverses sectes protestantes, et le culte israélite ; enfin, la petite église des *théophilantropes*. Ce qu'il y avait de plus simple, c'était de laisser aux cultes la plénitude de leur liberté. Leur rivalité assurait leur impuissance.

Mais Bonaparte avait besoin d'un clergé, — non, par piété personnelle : il était fils d'un père incrédule, et il professait lui-même les idées du XVIIIe siècle. « Bonaparte, dit Mme de Rémusat, se servait du clergé, mais « il n'aimait pas les prêtres ; il avait contre eux des préventions philosophiques et un peu révolutionnaires. « Je ne sais s'il était déiste ou athée... Je crois d'ailleurs « qu'il donnait trop d'attention à ce qui se passait dans « ce monde pour s'occuper beaucoup de l'autre. » — Non parce que le siècle était affamé de croyance, comme on l'a dit, et le *Génie du christianisme* de Châteaubriand n'est pas venu en aide au Concordat. — Il en avait besoin pour soutenir le nouveau gouvernement, pour faire du clergé, selon l'expression de Bignon, *une sorte de gendarmerie sacrée.*

Quel culte choisir toutefois ? car, dit Bonaparte lui-même : « On croirait difficilement les résistances que « j'eus à vaincre pour ramener le catholicisme. On m'eût « suivi bien plus volontiers si j'eusse arboré la bannière « protestante... Mais avec le catholicisme, j'arrivais bien « plus aisément à tous mes grands résultats... » *Mémorial de Sainte-Hélène.* V. p. 829.) Il décida donc de rendre au catholicisme sa suprématie, et fit soumettre au pape Pie VII un projet de Concordat.

C'était une chance inespérée pour la papauté que cette occasion de rentrer en France après une rupture de dix années. Elle témoigna cependant de telles exigences que Bonaparte se fâcha et faillit rappeler de Rome notre ambassadeur. Pie VII envoya alors à Paris le cardinal Consalvi qui fut à la fois si souple et si tenace que Bonaparte recourut encore à l'intimidation. Il convoqua à

Paris une espèce de concile national, où l'évêque Grégoire essaya de réconcilier les deux fractions du clergé catholique[1] (juin 1801). Le pape prit peur et le Concordat fut signé le 15 juillet 1801.

En vertu de cette transaction mémorable, la France était partagée en nouvelles circonscriptions ecclésiastiques dont le nombre, fixé à 60 (50 évêchés et 10 archevêchés), pouvait être augmenté suivant les besoins du culte[2]. Les évêques recevaient du pape l'investiture canonique, mais ils étaient nommés par le premier consul, comme les autres fonctionnaires. Ils étaient soumis au gouvernement par un serment analogue à celui qu'avait exigé du clergé la Constitution de 91.

Le Concordat fut suivi *d'articles organiques* (loi du 18 germinal an X), qui réglaient la police des différents cultes, et assuraient leur libre exercice sous la protection des lois. Ces articles ne furent pas reconnus par le Saint-Siège, bien qu'ils ne donnassent pas à Bonaparte des droits plus étendus que ceux que Rome avait accordés aux rois de France.

Le Concordat, si avantageux qu'il fût pour le clergé dans l'état actuel des choses, lui paraissait onéreux. Quant à la France, elle en fut plus que surprise. Son mécontentement se fit jour dans l'opposition du Tribunat, qui vota pourtant la loi, le 8 avril 1802, et dans les railleries de l'armée. En sortant de Notre-Dame, où un service solennel célébré le 9 avril, devant les consuls et les autorités constitués, avait marqué ce qu'on appelait

[1] Voir dans notre collection : *Grégoire* par Carnot.

[2] Il le fut, en effet, car le Concordat fut remanié sous la Restauration, en 1816.

alors la *réconciliation de Rome avec la Révolution*, Bonaparte demanda au général Delmas : « *Eh bien, général,* « *comment avez-vous trouvé la cérémonie ? — C'était une* « *belle capucinade*, répondit Delmas, dans le langage « familier aux soldats de la Révolution : *il n'y manquait* « *qu'un million d'hommes qui se sont fait tuer pour dé-* « *truire ce que vous rétablissez aujourd'hui.* »

Ce jugement sévère était celui de l'opinion publique. Bonaparte n'en triomphait pas moins. Il croyait tenir l'Église. Elle lui obéit d'abord, elle le couronna en 1804, elle se courba devant sa fortune, elle prodigua les *Te Deum* à ses victoires. Mais elle travailla plus tard à sa chute.

Avec le Concordat, l'œuvre la plus importante du Consulat fut le *Code Civil.* Nous avons vu que les grandes assemblées de la Révolution, la Constituante et la Convention, surtout, avaient travaillé à la codification de nos lois civiles. Cette tâche énorme, poursuivie à travers les tempêtes intérieures, était terminée en 1795. Mais Bonaparte voulait que tout, désormais, portât son empreinte. Une commission nouvelle composée de Portalis, de Tronchet, de Bigot de Préameneu, reprit de 1800 à 1803, l'œuvre de Cambacerès, de Treilhard, de Merlin (de Douai). Toutes les lois de la Révolution furent réunies en 36 ordonnances successives qui reçurent en 1807, le nom de *Code Napoléon*. Le Code prenait l'homme au berceau pour ne le quitter qu'à la tombe. Il réglait les rapports du père et des enfants, du mari et de la femme, des citoyens entre eux et avec l'État. Malgré des lacunes et des imperfections, il est resté le monument le plus durable des conquêtes civiles de la

Révolution. La liberté pourra courir en France de nouveaux dangers. L'égalité est à jamais fondée.

La pensée de Bonaparte de faire pénétrer partout l'action du pouvoir lui inspira une de ses plus singulières créations, celle de la *Légion d'honneur*. L'ancien régime avait créé des distinctions honorifiques pour la noblesse, comme la croix de Saint-Louis. La Révolution avait créé des récompenses pour les services militaires, comme les *sabres d'honneur*. Bonaparte imagina un nouvel ordre qui ne regardait pas à la naissance, et qui honorait tous les mérites, civils et militaires. Sous ces apparences de parfaite égalité, cette institution attentait à l'égalité même. Elle faisait entrer la hiérarchie dans les talents et conquérait au pouvoir ceux qu'allaient chercher ses faveurs. La Légion d'honneur dut être composée de 15 cohortes; chaque cohorte de 7 grand officiers, 20 commandeurs, 30 officiers et 350 simples légionnaires (chevaliers). Vivement attaquée par le Tribunat et par le Corps Législatif, elle fut cependant adoptée en mai 1802. « L'institution de la Légion d'honneur était spécieuse; et quoiqu'elle ait rencontré une forte opposition à son origine, elle est entrée dans les mœurs d'un peuple, qui, malgré sa passion d'égalité, aime les distinctions, pourvu qu'elles ne soient point héréditaires. Elle sera sans doute notablement réformée et modifiée. Il serait difficile de l'abolir. » (H. Martin. Hist. Cont. III chap, 5).

Il ne suffisait pas à Bonaparte de s'attacher l'élite des talents présents. Il songeait même à s'assurer les générations futures. Tel fut le secret de ses encouragements à l'instruction publique.

Un décret du 1er mai 1802 mit l'instruction entre les mains de l'État, l'investissant, comme disait Rœderer au Corps Législatif, « *d'une sorte de paternité publique.* » L'enseignement primaire, légitime souci de nos grandes assemblées, était complètement délaissé. Le paysan n'avait pas besoin de savoir lire pour aller se faire tuer sur les champs de bataille. L'enseignement secondaire, seul, était l'objet des faveur gouvernementales. Aux écoles centrales, fondées par la Convention, Bonaparte substitua 32 *lycées*, où l'on éleva les enfants de la bourgeoisie, les fils de fonctionnaires surtout, qui devaient être fonctionnaires à leur tour. La distribution de 6.400 bourses gratuites fut un moyen d'influence comme les décorations de la Légion d'honneur.

Les programmes furent accommodés à ce que l'on attendait de ces jeunes dévouements. On abandonna les langues vivantes, réclamées par les Lakanal et les Daunou, pour revenir aux langues mortes, grecque et latine, qui faisaient le fond de l'enseignement des jésuites. Plus d'histoire et de philosophie (logique): en revanche, beaucoup d'instruction religieuse et d'exercices militaires. De l'enseignement des filles, primaire et secondaire, il ne fut pas même question. Pour l'enseignement supérieur, Bonaparte ouvrit 10 écoles de droit, porta de 3 à 6 les écoles de médecine et fonda une école militaire à Fontainebleau transférée à Saint-Cyr. — Toutes ces créations furent, en 1806 et en 1808, renfermées dans l'ingénieux système de l'*Université Impériale.*

Tout en s'occupant de ces grands intérêts de la religion, du droit, de l'instruction publique, Bonaparte descendait à de plus humbles détails qui attestaient l'activité de son génie. Il donnait une vive impulsion aux travaux publics. Il faisait achever les canaux de l'Ourcq, de Saint-Quentin, d'Aigues-Mortes à Beaucaire; percer celui de Nantes à Brest; ouvrir, à travers le Valais, la belle route du Simplon. On entamait trois autres passages de France en Italie par le col de Tende, le mont Genève et le mont Cenis. Ces communications étaient surtout d'un intérêt stratégique, mais le commerce y trouvait son compte.

Tant de réformes, et d'un caractère si différent, n'avaient pu s'accomplir sans obstacle. Le Tribunat s'était montré correctement fidèle au rôle d'opposant que lui avait assigné la Constitution de l'an VIII. Cette opposition, modérée et clairvoyante, prouvait à la nation que ses droits étaient défendus. Mais Bonaparte ne pouvait supporter la domination, même d'aucune de ses institutions. Il prit en haine le Tribunat, il le mit *à la diète de lois*, ne lui donnant, disait-il, que des os à ronger. Enfin, il l'affaiblit par un coup d'Etat.

Les deux chambres législatives devaient être renouvelées par cinquième. Au lieu d'employer la voie du sort, il fit éliminer, par le Sénat, 60 membres du Corps Législatif, et 20 du Tribunat, janvier 1802. Parmi ces victimes de leur indépendance, se trouvaient Daunou, Chénier, et Benjamin Constant. C'est avec ce Tribunat épuré, un Corps Législatif impuissant, un Sénat docile, qu'il fit passer le Concordat, le Code, les lois sur la Légion d'honneur, l'instruction publique, et l'amnistie générale.

Une amnistie complète fut accordée par un sénatus-consulte du 26 avril 1802, à tous les émigrés qui rentreraient en France avant le premier vendémiaire an XI (septembre 1802), et qui prêteraient serment de n'entretenir aucune correspondance avec l'étranger et avec les Bourbons. On en excepta les chefs de la guerre civile. C'était une violation de la Constitution, laquelle déclarait bannis à perpétuité « les traîtres qui avaient assassiné la patrie. » Mais Bonaparte croyait trouver dans les émigrés des obligés et des courtisans. « *Il n'y a*, disait-il, *que ces gens-là qui sachent servir*. » Il se trompait. Il a reconnu son erreur trop tard, à Sainte-Hélène.

Qu'avait-il besoin des émigrés? La France, hélas! s'habituait elle-même *à servir*. Il en eut bientôt la preuve.

Tous ses travaux au-dedans, ses succès militaires au dehors, la paix qu'il venait de conclure avec l'Angleterre, (mars 1802), la prospérité croissante du pays, la solidité du gouvernement qui s'affirmait par des mesures de clémence — qu'on refusait seulement aux républicains — tout cela avait mérité au premier consul l'estime et l'admiration publiques. Le Sénat crut répondre à ses vœux en votant une prolongation du Consulat pour dix ans, (10 floréal-8 mai 1802). Bonaparte fut mécontent, il attendait davantage. Il provoqua alors un plébiscite sur cette question : Bonaparte sera-t-il nommé consul à vie? On ouvrit des registres dans les municipalités, et le nouveau mécanisme administratif fonctionna si bien qu'on recueillit 3.568.885 *oui*, contre 8.374 *non*. Le Sénat recensa les votes populaires, et en proclama les résultats sous la forme du sénatus-consulte suivant : « Le peuple français nomme et le Sénat pro-
« clame Napoléon-Bonaparte premier consul à vie. »
(15 thermidor an X, 3 août 1802).

La Constitution de l'an VIII était profondément atteinte. Elle fut modifiée par le *sénatus-consulte organique* de l'an X.

Les listes de notabilité étaient remplacées par des collèges électoraux d'arrondissements et de départements, élus à vie dans les cantons. Le Tribunat était réduit à 50 membres, et divisé en sections. Le Sénat eut le droit d'interpréter et de compléter la Constitution, de dissoudre le Corps Législatif et le Tribunat, de casser les jugements des tribunaux, etc ; le tout, au moyen de *sénatus-consultes* proposés par le gouvernement.

Ce sénatus-consulte fut promulgué le 17 thermidor (5 août). Le 27 (15 août),) on fêta l'anniversaire de la naissance du premier consul. Celui-ci qui s'était fait donner le droit de nommer son successeur, s'attribua une liste civile de six millions. Il quitta sa résidence d'été de la Malmaison pour le palais de Saint-Cloud. Voilà comment on marchait à l'Empire.

III

LE CONSULAT. HISTOIRE MILITAIRE. MARENGO ET HOHENLINDEN. TRAITÉS DE LUNÉVILLE ET D'AMIENS.

En même temps qu'il se signalait par son administration intérieure, Bonaparte assurait d'éclatants succès aux armes et à la politique de la France.

La victoire de Zurich avait déconcerté, mais non dissous la deuxième coalition, et l'Europe restait en armes. Bonaparte inaugura contre elle une politique nouvelle et inattendue, celle de la paix et de l'humanité. Dès le 28 décembre 1799, il écrivait au roi d'Angleterre Georges III.

« Appelé, sire, par le vœu de la nation française à « occuper la première magistrature de la République, « je crois convenable, en entrant en charge, d'en faire « directement part à Votre Majesté. La guerre qui de- « puis dix ans ravage les quatre parties du monde, doit- « elle être éternelle? N'est-il donc aucun moyen de s'en- « tendre? Comment les deux nations les plus éclairées « de l'Europe, puissantes et fortes plus que ne l'exigent « leur sûreté et leur indépendance, peuvent-elles sacri- « fier à des idées de vaine grandeur le bien du com-

« merce, la prospérité intérieure, le bonheur des fa-
« milles? Comment ne sentent-elles pas que la paix est le
« premier des besoins comme la première des gloires? »

Bonaparte savait que le roi d'Angleterre ne pouvait répondre que par l'intermédiaire de son ministre. Or, Pitt voulait la guerre, et s'y obstina. C'était tout ce que demandait Bonaparte. Il fit de semblables ouvertures à l'Autriche, qui déclara qu'elle ne pouvait traiter sans ses alliés. Il fallut donc combattre. Toutefois la Russie se retira de la lutte, et la Prusse resta neutre.

Les hostilités recommencèrent au printemps de 1800. L'Autriche avait mis sur pied deux armées, l'une de 150.000 hommes sur le Rhin, l'autre de 120.000 en Italie. La première, sous les ordres du feld-maréchal Kray, qui avait remplacé l'archiduc Charles, était chargée d'observer le Rhin, de Schaffouse à Mayence, et ses opérations étaient subordonnées à celle de l'armée d'Italie, commandée par le baron de Mélas. Celui-ci devait écraser les débris de l'armée française, enlever Gênes et pénétrer en Provence. C'est alors que Kray franchirait le Rhin pour envahir l'Alsace.

Les défaites successives de l'armée française d'Italie en 1799, l'avaient réduite à 40.000 hommes épuisés par les fatigues et la maladie, mais placés, après la mort de Championnet, sous la main de Masséna. Cette armée postée entre Gênes et Nice fut malheureusement écrasée par des forces supérieures et coupée en deux à Savone (avril 1800). La gauche, avec Suchet, se replia sur le Var, disputant, pas à pas, le terrain aux Autrichiens; la droite, avec Masséna, se retira sur Gênes. Cerné dans Gênes, avec 15.000 hommes, par les Autrichiens du général Ott, bloqué du côté de la mer par la flotte anglaise de l'amiral Keith, Masséna soutint un siège de deux mois,(6 avril,4 juin 1800),qui aurait suffi, sans Zurich, à sa gloire militaire. Cette résistance de Masséna assura le succès du plan de Bonaparte.

Tandis que Moreau contiendrait Kray, sur le Rhin, traverser les Alpes, descendre en Lombardie, couper à Mélas la route de l'Autriche et l'enfermer entre le Pô, l'Apennin, et l'armée française; voilà ce que Bonaparte conçut avec une netteté, et exécuta avec une rapidité admirables.

Trompant la surveillance des Autrichiens par la formation apparente, à Dijon, d'une armée dite de *réserve*, il dirigeait sur Genève des régiments qui s'y rassemblaient dans le plus grand secret. Parti lui-même de Paris, le 6 mai 1800, il arrivait à Genève le 10, franchissait les Alpes par le col du grand Saint-Bernard, du 15 au 20 mai, débouchait dans la vallée d'Aoste, avec 35.000 hommes, traversait le Tessin, puis le Pô, et s'établissait sur la rive droite du fleuve, à Stradella, le 9 juin.

Ce qu'il aurait dû faire, avant tout, c'était de courir à Gênes où l'on endurait d'effroyables souffrances sans cesser de combattre. Depuis 15 jours, les habitants, les soldats, et plusieurs milliers de prisonniers autrichiens, enlevés dans les sorties, ne vivaient plus que d'herbes et de pain d'amidon, et Masséna dut rendre Gênes, le 5 juin. Mais Bonaparte sacrifia les talents de Moreau et l'héroïsme de Masséna au succès personnel qu'il s'était préparé, et dont il voulait éblouir la France. Lorsqu'il apprit la présence des Français en Lombardie, Mélas laissa Suchet pour revenir sur ses pas, et ressaisir les passages du Pô. Il était déjà trop tard. Son avant-garde se heurta contre Lannes, à *Montebello*, le 9 juin et il fut forcé de se concentrer dans Alexandrie. Il en sortit, le 14 juin, pour attaquer Bonaparte dans la plaine de *Marengo*. A trois heures de l'après-midi, Lannes, Victor, Bonaparte lui-même étaient écrasés malgré des prodiges de valeur, et Mélas se croyait vainqueur. L'intervention soudaine de Desaix nous ramena la victoire. Elle nous coûtait cher, car Desaix fut blessé à mort. Mais le lendemain, 15 juin, Mélas signait l'armistice d'Alexandrie qui stipulait l'évacuation de l'Italie jusqu'au Mincio.

Bonaparte triompha à Milan et revint en France où il fut reçu avec transports. On oublia trop aisément qu'il n'avait pas le droit de quitter le pays pour courir les hasards de la guerre, et que la Constitution faisait de lui un chef d'État, non un chef d'armée. Il apparut, d'ailleurs, dans la campagne de 1800 comme dans celle de 1796 que, si les victoires brillantes se gagnaient en Italie, les coups décisifs se portaient en Allemagne. Les succès de Bonaparte affaiblirent moins l'Autriche que les opérations de Moreau.

Moreau était entré en campagne le 25 avril, avec une armée de 120.000 hommes, où servaient des généraux tels que Lecourbe, Ney, Vandamme, Delmas, Leclerc, Richepanse, etc. Il avait traversé le Rhin sur trois points différents, à Schaffouse, à Bâle, et à Kehl, refoulant les Autrichiens devant lui. Il les battit à *Engen* et à *Stokasch* le 3 mai, à *Mœskirk*, le 5, à *Biberach*, le 9, à *Memmingen*, le 11, et les rejeta sur le Lech. Maître de la rive droite du Danube, il se porta sur la rive gauche.

battit encore Kray à *Hochstedt*, le 19 juin, et menaça de l'enfermer dans Ulm, comme Bonaparte avait enfermé Mélas dans Alexandrie. Kray put s'échapper d'Ulm et gagner la route de Vienne, il n'en fut pas moins forcé de signer l'armistice de *Parsdorf*, le 15 juillet.

Des conférences pour la paix s'ouvrirent à Lunéville entre Joseph Bonaparte et M. de Cobentzel. Mais les lenteurs de l'Autriche, entretenues par les intrigues de l'Angleterre, amenèrent uno reprise des hostilités (12 novembre). Moreau fut chargé de franchir l'Inn et de marcher sur Vienne. Brune, appuyé par Macdonald, dut traverser le Mincio pour envahir la Vénétie.

L'Autriche, avait retiré à Kray l'armée du Danube pour la confier à l'archiduc Jean, qui entreprit de rejeter les Français sur Munich. Le 3 décembre, il commit l'imprudence de s'engager dans la forêt de Hohenlinden, sur la route de Muhldorf à Munich. Moreau l'assaillit en tête au sortir de la forêt, tandis que Richepanse, avec une audace incroyable, attaquait en queue les Autrichiens qui se dispersèrent à travers les clairières et les ravins couverts de neige, laissant 20.000 hommes morts et prisonniers, et 87 canons. Cette victoire est moins célèbre que celle de Marengo. Elle était plus importante, car elle menait les Français à Vienne.

En effet, Moreau passa tour à tour l'Inn, la Salza, la Traun, l'Ens, écrasant les débris de l'armée autrichienne. La terreur était dans Vienne. Moreau pouvait y entrer et y dicter la paix. Il aurait éclipsé la gloire de Leoben ; il serait devenu l'émule de Bonaparte. Il s'arrêta pourtant et accorda à l'Autriche l'armistice de *Steyer* (25 déc. 1800). En Italie, les succès de Brune et de Macdonald imposèrent également à l'Autriche l'armistice de Tréviso (16 janvier 1801).

La paix fut signée à Lunéville, le 9 février 1801, sur les bases de Campo-Formio. L'Autriche confirmait à la France la possession de la Belgique et de la rive gauche du Rhin. En Italie, elle abandonnait les pays sur la rive droite de l'Adige, qui formaient la république cisalpine, et la Toscane, enlevée à son grand duc, formait le *royaume d'Etrurie* au profit du duc de Parme. Enfin, pour prévenir un nouveau congrès de Rastadt, Bonaparte forçait l'empereur de conclure la paix tant en son nom qu'au nom de tout le corps germanique. La deuxième coalition était dissoute. Seule l'Angleterre ne désarmait pas.

L'Angleterre avait alors une flotte redoutable de 120 vaisseaux de ligne, 240 frégates et 300 bâtiments inférieurs, montée par 120.000 marins, et commandée par des amiraux comme Nelson, Parker, Collingwood. Depuis le XVIIIe siècle, elle avait cherché sur les mers la suprématie que Napoléon allait conquérir sur le continent. « Il ne faut pas, disait lord Chatam, qu'il se tire un seul coup de canon sur mer sans la permission de l'Angleterre. » Mais ces prétentions de l'Angleterre soulevaient contre elle les états secondaires et neutres, dont elle menaçait la marine, et sous l'influence du tsar Paul Ier, une ligue de *neutralité armée* fut conclue entre les pays maritimes du Nord, la Russie, la Prusse et le Danemark. Cette ligue proclamait certains principes du droit maritime international, violés par l'Angleterre, et s'engageait à les faire respecter (26 décembre 1800). L'Angleterre y répondit par cet emploi brutal de la force et ce mépris superbe du droit qu'elle prodiguait avant

Napoléon, et qu'elle continue après lui. Sans déclaration de guerre, elle bombarda Copenhague (avril 1801).

La France, en se retrouvant aux prises avec l'Angleterre, avait été heureuse de s'appuyer sur l'alliance maritime du Nord. L'assassinat de Paul Ier (23 mars 1801) qui s'était pris d'une soudaine amitié pour Bonaparte, fut un coup assez rude pour notre politique. La perte de l'Egypte (septembre 1801) nous fut plus sensible encore. Car l'Angleterre obtenait, en même temps, la dissolution de la ligue des neutres, restée sans chef, et recouvrait la Méditerranée, arrachée à notre influence.

Toutefois, de part et d'autre, en Angleterre comme en France, on souhaitait la paix. La chute de Pitt, en février 1801, l'avait rendue possible. L'augmentation énorme de la dette anglaise, portée à 12 milliards, la rendait nécessaire. Les armements de la France, sur la côte de Boulogne, décidèrent l'Angleterre. Des préliminaires, signés le 1er octobre 1801, aboutirent au traité d'Amiens, le 25 mars 1802. L'Angleterre reconnaissait la République française et les autres républiques fondées par ses armes : elle reconnaissait également nos acquisitions continentales. Elle rendait leurs colonies, sauf Ceylan et la Trinité, à la France et à ses alliés la Hollande et l'Espagne. Elle restituait l'Egypte à la Turquie et Malte aux chevaliers. Il n'y eut pas un mot en faveur des Bourbons et des émigrés.

A Londres comme à Paris la paix fut saluée par des fêtes. Elle devait être de courte durée.

Pourtant c'était la fin des guerres de la Révolution. Après dix ans d'efforts extraordinaires, la France avait triomphé de tous ses ennemis et conquis ses limites naturelles. Forte au dehors, elle était tranquille au dedans. Il lui fallait montrer, maintenant, que ces agrandissements territoriaux et ces ressources intérieures n'étaient pas une menace pour l'Europe, mais que la jeune République pouvait vivre d'accord avec les vieilles monarchies. Il lui restait à présenter le prodigieux spectacle d'une France nouvelle de quelques années, mais aussi puissante que l'ancienne France, appliquée aux travaux féconds de la paix, livrée au développement intellectuel, et jetant encore sur l'Europe le rayonnement de ce génie bienfaisant, fait de travail, d'esprit et de bonté qui a toujours été le génie de notre cher pays. Quelle magnifique aurore se levait, en 1802, pour la République, si Bonaparte avait exercé dans l'intérêt de la France le pouvoir que la France venait de lui confier! Mais il ne souhaitait que l'empire, et l'empire allait engager la France dans des guerres nouvelles.

En attendant, Bonaparte profita de la paix des mers pour relever notre empire colonial. L'Espagne nous avait rendu la Louisiane (1801); il essaya de reprendre Saint-Domingue.

La Convention Nationale avait aboli l'esclavage dans les colonies françaises. Après une lutte effroyable dans Saint-Domingue, entre les blancs, hostiles au décret de la Convention, et les nègres affranchis, l'ordre avait été rétabli par Toussaint-Louverture. Ce nègre extraordinaire avait chassé les Anglais, rappelé les blancs fugitifs, ramené les noirs au travail, rendu sa prospérité à Saint-Domingue dont il avait fait une république indépendante, et il mettait un naïf orgueil à s'appeler le *Bonaparte des noirs*.

Le « Bonaparte des blancs » envoya contre lui une expédition commandée par son beau-frère, le général Leclerc (1802). Leclerc réussit d'abord ; il s'empara, par trahison, de Toussaint Louverture qui fut envoyé au fort de Joux, où il mourut, en 1803. Mais la fièvre jaune décima l'armée ; elle emporta Leclerc, et l'île échappa à la France.

Bonaparte, d'ailleurs, vendit peu après la Louisiane aux Etats-Unis (1803). Nous ne l'aurions pas conservée, car la guerre recommençait avec l'Angleterre.

L'Angleterre s'alarmait de l'influence exercée par Bonaparte sur la république batave dont il avait modifié la Constitution en septembre 1801, sur la république cisalpine, dont il s'était fait décerner la présidence (7 janvier 1802), et sur la république helvétique, dont il venait d'être nommé *médiateur* (1803). En réalité, elle était jalouse de notre prospérité. Aussi, pour compenser ce qu'elle regardait comme des empiétements de l'ambition française, refusa-t-elle de rendre Malte. De son côté Bonaparte se plaignit d'être attaqué par les journaux anglais et les libelles des émigrés réfugiés en Angleterre. Les rapports s'aigrirent, malgré l'habileté de Talleyrand. Des articles menaçants du *Moniteur*, inspirés par Bonaparte et quelquefois rédigés par lui-même, changèrent la froideur en hostilité et rouvrirent cette lutte, à peine fermée, qui allait conduire la France à Waterloo, et Bonaparte à Sainte-Hélène (mai 1803).

Les Anglais, fidèles à leurs traditions, enlevèrent nos bâtiments de commerce. Bonaparte fit arrêter tous les anglais de 18 à 60 ans, qui se trouvaient en France et envahit le Hanovre. Puis il travailla à tourner une partie de l'Europe contre l'Angleterre. Il obtint des subsides de l'Espagne et du Portugal, des soldats de la Hollande et de la Suisse, des vaisseaux du roi de Naples, Il sollicita vainement l'appui de la Russie et de la Prusse. Enfin, il reprit la tentative de débarquement projetée dès 1801. Des bateaux plats furent réunis sur la côte de la Manche pour transporter en Angleterre 150.000 hommes et 400 canons. Boulogne devint le centre de ces armements formidables.

L'Angleterre mit à se défendre une activité merveilleuse. Elle fortifia ses côtes, augmenta sa flotte et son armée, éleva ses impôts, etc. Mais les moyens qu'elle employa ne furent pas également honorables. Elle songea à prévenir l'invasion en renversant celui qui la préparait. Elle favorisa les complots formés par les émigrés contre la vie de Bonaparte.

Les royalistes, qui avaient applaudi au 18 brumaire, et qui comptaient sur Bonaparte pour une restauration monarchique, étaient bientôt revenus de leur illusion. Le prétendant (Louis XVIII) tout le premier. Il avait écrit de Russie à Bonaparte pour l'inviter à rendre « à la France son roi, » et Bonaparte lui avait répondu : « Vous ne devez pas souhaiter votre retour en France ; « il vous faudrait marcher sur cinq cent mille cadavres. « Sacrifiez votre intérêt au repos de la France : l'his« toire vous en tiendra compte. » 7 décembre 1800). Les royalistes, presqu'aussitôt, préparèrent contre le Premier Consul la *machine infernale* de la rue Saint-Nicaise (3 nivôse — 24 décembre 1800). Bonaparte échappa, et deux des principaux auteurs du complot, Saint-Réjant et Carbon furent guillotinés le 1er avril 1801.

La rupture de la paix d'Amiens rendit le courage aux

anciens partis. Le breton Georges Cadoudal, le général Pichegru, évadé de Cayenne, les deux frères Armand et Jules de Polignac, etc., réunis à Londres autour du comte d'Artois, conçurent le projet de venir à Paris pour tuer Bonaparte et restaurer les Bourbons. Ils devaient être rejoints par le comte d'Artois; à son défaut, par le duc de Berry. Toutefois, comme une révolution paraissait impossible sans le concours de l'armée, ils imaginèrent de gagner Moreau, par l'intermédiaire de Pichegru. Moreau, depuis Hohenlinden se tenait à l'écart, hostile à l'ambition du Premier Consul, et il ne sembla pas éloigné de s'entendre avec Pichegru pour renverser Bonaparte.

Alors Cadoudal, Pichegru et leurs affidés débarquèrent secrètement en France (1803) et gagnèrent Paris où plusieurs mois s'écoulèrent, en pure perte. Car Moreau ne voulait renverser Bonaparte que pour se mettre à sa place et non pour restaurer les Bourbons. La police, dirigée par le colonel Savary, était au courant du complot; mais elle attendait l'arrivée du comte d'Artois. Celui-ci ne se montrant point, elle se décida à agir. Moreau fut arrêté le 15 février 1804; Pichegru, le 28; Georges, le 9 mars — Bonaparte était furieux. Il résolut de *terrifier* les royalistes. Il n'avait pu saisir le comte d'Artois; il fit enlever, sur le territoire du duché de Bade, le jeune duc d'Enghien, fils du duc de Bourbon, et petit-fils du prince de Condé. Arrêté dans un village des bords du Rhin, où il vivait paisiblement depuis deux ans, le prince fut conduit à Strasbourg, et amené à Vincennes, le 20 mars; traduit devant le conseil de guerre présidé par le général Hulin, dans la nuit du 20 au 21, jugé, condamné et fusillé en quelques heures. Le 21, Paris apprit, par le *Moniteur*, l'enlèvement du prince, son jugement et sa mort.

Le sentiment public fut de l'indignation, mêlée de stupeur. Bonaparte ne s'en émut guère. Il dit, le lendemain, dans une réception : « J'ai versé du sang, je le devais. J'en répandrai peut-être encore, mais sans colère, « et tout simplement parce que la saignée entre dans les « combinaisons de la médecine politique. » (Mme de Remusat, I chap. 5). Il écrivit plus tard à Sainte-Hélène : Dans « une circonstance semblable j'agirais encore de même. »

Quelques jours après, Pichegru se donna la mort dans sa prison. On prétendit que Bonaparte l'avait fait étrangler. Le procès de Moreau et de Cadoudal commença le 28 mai, devant la cour d'Assises de la Seine. Moreau présenta lui-même sa défense. Rien, d'ailleurs, ne démontrait qu'il fût coupable. Les juges n'osèrent l'absoudre, et le condamnèrent à deux ans de prison que Bonaparte commua en exil aux Etats-Unis[1]. Cadoudal et 19 de ses complices furent condamnés à mort. Huit furent graciés, parmi lesquels les Polignac. Les autres, avec Georges, furent guillotinés le 26 juin. Georges conserva jusqu'au bout son indomptable énergie. « Nous voulions faire un roi, dit-il, nous avons fait un empereur. »

En effet, depuis le 18 mai, Bonaparte était empereur. Il avait habilement exploité les craintes qu'avait fait naître le danger qu'il venait de courir, comme si, malgré la dictature consulaire, le gouvernement fût sans défense et livré aux entreprises des « factieux. » Dès le

[1] Moreau était né à Morlaix en 1763. Il aurait dû mourir aux États-Unis. Il en revint pour se faire tuer dans les rangs des alliés, en 1813.

23 mars, il provoquait des adresses de l'armée, des collèges électoraux, des conseils municipaux. Le 27, le Sénat envoyait la sienne, où il parlait d'*hérédité* du pouvoir, et s'écriait, dans une péroraison pathétique: « Grand homme, achevez votre ouvrage en le rendant immortel comme votre gloire. Vous nous avez tirés du chaos du passé, vous nous faites bénir les bienfaits du présent; garantissez-nous l'avenir. »

Craignant d'être devancé par le Sénat, le Tribunat, le 23 avril, fit proposer par un de ses membres les plus obscurs « que le gouvernement de la république fût « confié à un Empereur, » et que l'empire fût héréditaire dans la famille de Napoléon Bonaparte. Un seul homme combattit cette motion, ce fut Carnot. Carnot dit, dans la séance du 3 mai :

« Quelques services qu'un citoyen ait pu rendre à sa patrie, il est des bornes que l'honneur, autant que la raison, inspirent à la reconnaissance nationale. Si ce citoyen a restauré la liberté publique, s'il a opéré le salut de son pays, est-ce une récompense à lui offrir que le sacrifice de cette liberté? et ne serait-ce pas anéantir son propre ouvrage que de faire de ce pays son patrimoine particulier?... Je votai dans le temps contre le Consulat à vie. Je voterai de même contre le rétablissement de la monarchie. »

Au patriote de 93, à l'homme qui avait lancé quatorze armées contre l'Europe, il convenait de jeter contre l'Empire qu'on sentait venir, âpre et brutal, le dernier cri de la liberté expirante. Ce cri ne fut pas entendu. Le 18 mai, un sénatus-consulte proclama Napoléon Bonaparte *Empereur des Français*.

IV

L'EMPIRE ET LA COUR IMPÉRIALE. LE CAMP DE BOULOGNE. AUSTERLITZ ET PRESBOURG

Le sénatus-consulte de l'an XII qui établissait l'empire apportait peu de changement à la Constitution de l'an VIII, déjà modifiée en l'an X. Le Sénat, premier corps de l'Etat, conservait la puissance législative. Le Corps législatif reçut le droit de discussion, mais en comité secret. Il redevenait muet pour voter en public les lois qu'il avait préparées à huis clos. Le Tribunat, transformé en annexe du Conseil d'État, puisqu'on n'y délibérait que par sections, fut réduit à 50 membres et disparut en 1807. La Constitution de l'an XII laissait à l'empereur tous les pouvoirs que la Constitution de l'an VIII avait attribués au Premier Consul.

Ce qui fut nouveau, ce fut la création d'une *famille impériale* et de *grands dignitaires* civils et militaires.

L'empire était héréditaire dans la famille de Napoléon, et par ordre de primogéniture. Mais à défaut d'héritier direct, (Napoléon n'avait pas d'enfant de Joséphine), Joseph et Louis Bonaparte pouvaient succéder à leur frère. Il n'était pas question de Lucien et de Jérôme. Le trône fut entouré de six *grands dignitaires* inamovibles, affublés de titres pompeux : un grand électeur (Joseph) ; un archichancelier d'Empire (Cambacérès) : un archichancelier d'Etat (Eugène de Beauharnais) ; un architrésorier (Lebrun) ; un connétable (Louis); un grand amiral (Murat). A côté de ces charges politiques et militaires, reparaissaient des dignités de cour empruntées à l'ancien régime : un grand aumônier, le cardinal Fesch, oncle de l'empereur, un grand chambellan, Talleyrand; un grand veneur, Berthier; un grand écuyer, Caulaincourt ; un grand maréchal du palais, Duroc ; un grand maître des cérémonies, le comte de Ségur. Enfin, Napoléon créa des *maréchaux d'Empire* qui devaient former autour de lui une aristocratie militaire. Quatorze furent aussitôt promus : Jourdan, Masséna, Brune, Augereau, Berthier, Lannes, Murat, Ney, Bessières, Moncey, Soult, Davout et Bernadotte ; et quatre honoraires : Kellermann, Serrurier, Perignon et Lefèvre. Tous ces personnages recevaient des dotations. La *liste civile* de l'empereur s'élevait à 25 millions, qui en vaudraient 50 aujourd'hui. Les impôts indirects supprimés par la Constituante, et rétablis sous le nom de *droits réunis* (boissons, sel, douanes) payèrent les magnificences de la cour nouvelle (ventôse 1804).

Tout en faisant revivre la pompe et les usages de la monarchie, (le palais impérial eut un règlement d'étiquette en 810 articles), Napoléon au titre de *roi* avait préféré celui d'*empereur*. « Le titre de *roi* est usé, disait-il. Il ferait de moi un héritier. Je ne veux l'être de personne... Celui que je porte est plus grand. Il est encore un peu vague. Il sert l'imagination. » (Mme de R.)

Il servit aussi, à couvrir, quelque temps, la perte de la liberté. Le 14 juillet fut célébré pour la dernière fois en 1804. En janvier 1806 le Calendrier républicain fut abandonné. Enfin, en 1808, on cessa de lire sur les monnaies ce singulier assemblage : « *République française : Napoléon empereur.* »

Un troisième plébiscite approuva ces changements (3.572.329 suffrages contre 2.569). Mais Napoléon, à la consécration populaire, voulut ajouter le prestige religieux. Il sut attirer à Paris le pape Pie VII et se fit sacrer par lui, avec Joséphine, dans l'Eglise Notre-Dame (2 décembre 1804). Six mois après, il se fit couronner, à Milan, *roi d'Italie* (26 mai 1805). Mais le nouveau royaume, sorti de la république italienne, fut laissé à l'administration du *vice-roi* Eugène de Beauharnais. Enfin, la république ligurienne, avec Gênes, fut incorporée à l'Empire français (1805).

En possession du trône où l'avait porté une aussi étonnante fortune, servie par tant d'audace, Napoléon ne renonçait pas à ses projets contre l'Angleterre. Les grands travaux de Boulogne étaient terminés (1803-1805), grâce à l'amiral Bruix, qui en mourut de fatigue. Plus de 150.000 hommes, partagés en sept corps, et réunis sous le nom de *Grande armée* n'attendaient que le moment de passer en Angleterre, sur 2.000 bateaux plats. Napoléon résolut de protéger avec nos vaisseaux de ligne les opérations de cette flotille. « *Soyons maîtres du détroit pendant six heures*, écrivait-il à Decrès, notre habile ministre de la marine *et l'Angleterre aura vécu.* » Voici quel était son plan : l'amiral Villeneuve, avec la flotte de Toulon, grossie de la flotte espagnole de l'amiral Gravina, se rendrait aux Antilles où il serait rejoint par Missiessy avec la flotte de Rochefort ; tous les deux réunis devaient regagner les côtes de France, rallier la flotte de Gautheaume, à Brest, et fermer la Manche aux Anglais, pendant le passage de la grande armée, et avant que Nelson, attiré dans les Antilles, eût eu le temps d'en revenir pour s'y opposer.

Ce plan échoua dès le début. Missiessy, arrivé le premier aux Antilles, y attendit vainement Villeneuve, et retourna à Rochefort (mai 1805). Villeneuve qui n'était parti que fort tard, contrarié par les vents, parvint aux Antilles à son tour et, n'y trouvant pas Missiessy, revint en Europe. Il rencontra une escadre anglaise sur la côte d'Espagne, livra bataille, et se réfugia au Ferrol, en Galice (juillet 1805). Quant à Gautheaume, qui ne voyait rien venir, il fut bloqué dans Brest par les Anglais. Napoléon attendait avec anxiété, à Boulogne. Cet insuccès l'irrita.

Rien n'était encore perdu. Il ordonna à Villeneuve de quitter l'Espagne, de rallier Missiessy à Rochefort, de débloquer Gautheaume à Brest, et de venir dans les eaux de Boulogne. Mais si la flotille était bien outillée, il n'en allait pas de même de nos escadres. Nous avions de vieux bâtiments, un mauvais matériel, des marins sans expérience. Aucun corps n'avait été, plus que la marine, désorganisé par la révolution. En outre, Villeneuve, instruit et brave, manquait d'énergie et de confiance. Il lui paraissait impossible de tenir contre les flottes anglaises. Au lieu de remonter vers Rochefort, il descendit vers Cadix, où il s'enferma. La flottille était condamnée à l'impuissance, la mer restait à Nelson, l'Angleterre était sauvée.

Entendons-nous, pourtant, sur l'échec de cette campagne maritime. On en a longtemps rejeté la responsabilité sur le malheureux Villeneuve. Mais elle était, en soi, très-hasardeuse ; elle pouvait nous exposer à un immense désastre. Quel eût été le sort de l'armée débarquée en Angleterre, mais coupée de la France par la flotte anglaise, et isolée aux bords de la Tamise, comme nous l'avions été aux bords du Nil ? Quel eût été celui de la France même, privée de ses meilleurs soldats, attaquée sur ses côtes, et livrée, sur le Rhin, à tout l'effort de la coalition continentale? Somme toute, ce fut peut-être un bonheur que ce prétendu revers de 1805. D'autant plus qu'il suscita à Napoléon une volte-face soudaine et foudroyante : la campagne d'Austerlitz.

La rupture de la paix d'Amiens avait ramené Pitt aux affaires, et il avait travaillé à tourner l'Europe contre la France. Après deux ans de négociations, il gagna l'alliance de la Russie (avril 1805). L'Autriche, inquiète des accroissements de Napoléon en Italie depuis le traité de Lunéville, entra dans la ligue, moyennant les subsides de l'Angleterre. La Prusse garda une neutralité équivoque. Nos ennemis obtinrent le concours actif de la Suède, l'adhésion secrète du roi de Naples : ce fut la troisième coalition. L'indépendance de la Hollande et de la Suisse, l'évacuation du Hanovre, la délivrance du roi de Naples, et le rétablissement du roi de Piémont, c'est-à-dire, l'affaiblissement de la France, en attendant son démembrement, tel était le but des alliés,

Deux armées autrichiennes devaient, l'une de 80.000 sous Mack, marcher contre la frontière française par la vallée du Danube ; l'autre de 100.000 hommes, sous l'archiduc Charles, descendre en Italie par la vallée de l'Adige ; tandis qu'une armée russe se formait en Pologne. Mack, l'ancien adversaire malheureux de Championnet, se mit le premier en mouvement, entra dans la Bavière, en septembre, et se trouva ainsi tout seul, en avant, loin de Vienne, et encore plus loin des Russes.

Opposant Eugène, guidé par Masséna, à l'archiduc Charles, Napoléon opéra lui-même contre Mack. Il leva brusquement le camp de Boulogne, jeta en Allemagne les 7 corps de la Grande armée, se saisit des deux rives du Danube, enferma Mack dans Ulm, comme il avait enfermé Mélas dans Alexandrie, et le força de capituler, avec 26.000 hommes, le 20 octobre 1805. En quinze jours, nous avions tué ou pris 60.000 hommes, conquis 200 canons et 80 drapeaux. Nos soldats disaient gaîment : « L'empereur ne fait plus la guerre avec nos bras, mais avec nos jambes. » La publication du *Bulletin de la Grande armée* les transporta.

Le jour même de la capitulation d'Ulm, notre marine était détruite à Trafalgar.

Villeneuve avait reçu l'ordre de croiser dans la Méditerranée. Sorti de Cadix avec 33 vaisseaux, il rencontra Nelson, près du cap Trafalgar. L'amiral anglais n'avait que 27 bâtiments. Il leur envoie cet ordre du jour d'une simplicité héroïque : « L'Angleterre compte que chacun de ses enfants fera aujourd'hui son devoir. » Et il attaque. La rapidité de ses manœuvres, la précision

Entrevue de Napoléon et de l'empereur d'Autriche après Austerlitz.

de son tir rendent inutile le courage de nos marins. Villeneuve criblé de blessures est fait prisonnier. Gravina et Mâgon sont tués avec 7.000 hommes. 17 vaisseaux tombent au pouvoir des Anglais. Mais ceux-ci ont perdu Nelson. Cette victoire donnait la mer aux Anglais qui l'ont gardée. Les victoires de Napoléon ne lui donnèrent le continent que pour peu d'années.

L'armée autrichienne anéantie, il fallait commencer une seconde campagne contre l'armée russe. Napoléon marcha sur Vienne par les deux rives du Danube, en refoulant les Russes accourus trop tard au secours des Autrichiens, et entra dans la ville sans obstacle (13 novembre). Protégé sur ses derrières par l'armée d'Italie qui avait battu l'archiduc Charles à *Caldiero*, et renouvelé en Allemagne la marche de 1797, il s'avança en Moravie où s'étaient réunis les deux empereurs d'Allemagne et de Russie, et remporta la victoire *d'Austerlitz* (2 décembre 1805).

Les Russes regagnèrent leur pays sans être inquiétés. La Prusse qui était sortie de la neutralité pour signer avec la Russie l'alliance secrète de Potsdam (3 novembre) ne jugea pas le moment opportun d'entrer en ligue. Au lieu d'une déclaration de guerre elle envoya ses compliments au vainqueur : « Voilà des compliments, répondit Napoléon, dont la fortune a changé l'adresse.» Il imposa à la Prusse le traité de Schœnbrunn (15 décembre). Il lui prit Berg, Clèves et Juliers, et lui fit accepter le Hanovre pour la brouiller avec l'Angleterre.

L'Autriche, qui avait signé un armistice dès le 4 décembre, conclut le 26 le traité de Presbourg. C'est elle qui paya les frais de la guerre. Au traité de Campo-

Formio (1797) elle avait reculé en Italie jusqu'au Mincio ; au traité de Lunéville (1801) jusqu'à l'Adige. Cette fois, (1805) elle fut exclue de la Péninsule. Elle perdit la Vénétie, l'Istrie et la Dalmatie. Elle perdit encore, en Allemagne, le Tyrol, le Vorarlberg et la Souabe : en tout, 4 millions de sujets sur 24. C'était trop, comme le fit remarquer Talleyrand. La politique de Napoléon ne valait pas sa stratégie. Il fallait plutôt ramener l'Autriche que l'irriter davantage. On comprend dès lors les adieux de l'archiduc Charles en licenciant ses soldats : « Allez, mes enfants, et reposez-vous jusqu'à ce que nous recommencions. »

La grande armée resta en Allemagne, mais Napoléon rentra dans Paris, le 26 janvier 1806. Il y fut reçu avec enthousiasme. Le Tribunat proposa et le Sénat ordonna l'érection à « Napoléon le Grand » d'un monument triomphal. Ce monument fut la colonne de la place Vendôme, fondue avec le bronze des canons ennemis.

Napoléon venait de conquérir la prépondérance sur le continent quand Pitt, notre infatigable ennemi, mourut à 47 ans, le 23 janvier 1806. Malgré Trafalgar, Austerlitz l'avait frappé au cœur. Pitt avait employé les mêmes moyens que Napoléon : la ruse, la perfidie, la violence. Il avait jeté l'or anglais sur le continent, comme Napoléon y répandit ses soldats. Comme lui, il fomenta des haines, souleva des guerres, accumula des ruines. Mais Napoléon n'obéissait qu'à son ambition personnelle, tandis que Pitt servait ce qu'il regardait comme l'intérêt de la vieille Angleterre.

Pitt fut remplacé, bien que pour peu de temps, par son rival Charles Fox, le grand orateur, l'ami de la

France[1]. La paix pouvait régner désormais. Napoléon au lieu de s'arrêter, crut devoir remanier l'Europe, pour établir sa famille.

Dès le lendemain de Presbourg, (27 décembre) un décret lancé de Schœnbrunn, proclamait que « la dynastie de Naples avait cessé de régner. » Le royaume de Naples fut occupé par une armée française, pendant que les Bourbons se réfugiaient en Sicile, et le 30 mars 1806, Napoléon le donna à son « bien-aimé frère Joseph. » La Hollande subit le même sort, peu après. En dépit de ses répugnances elle fut transformée en royaume, et donnée à Louis (5 juin).

Dans la pensée de Napoléon, un système *d'états fédératifs*, devait assurer, du Nord au Sud, les frontières du grand empire. Entre ces deux points extrêmes, il créa, en faveur de sa famille et de ses généraux, une sorte de féodalité nouvelle, qui fut organisée par un sénatus-consulte de 1806. Il donna à sa sœur Elisa Bacciochi, déjà gratifiée de la principauté de Lucques, Massa et Carrare; à son autre sœur Pauline, veuve du général Leclerc, et remariée au prince Borghèse, Guastalla; à son beau-frère Murat, époux de Caroline, le grand-duché de Berg; à Berthier la principauté de Neufchâtel; à Talleyrand et à Bernadotte, la principauté de Bénévent et de Ponte-Corvo. Enfin, il se réserva, dans les Etats Vénitiens, 12 provinces avec 30 millions de domaines, qu'il concéda à ses généraux et à ses ministres, comme *grands fiefs* de l'empire transmissibles à leur descendance.

[1] Fox mourut, lui-même, en septembre 1806.

Était-ce donc pour cela qu'on avait fait 89, qu'on avait proclamé les droits de l'homme, qu'on avait parlé aux peuples d'affranchissement et de fraternité? Les pays conquis par nos armes pouvaient-ils être partagés et distribués, comme du butin, à des princes de rencontre, placés par la fortune sur les marches d'un trône? La France, qui s'était donnée à Napoléon, ne devait rien à sa famille. Ces arrangements déplurent à la France, on devine comment ils furent accueillis par l'Europe.

Voilà pourquoi l'Empire fut condamné à des guerres perpétuelles. La République n'avait mis autour d'elle que des républiques alliées; l'Empire s'entoura de royautés vassales. La république ne s'était attaquée qu'aux dynasties; l'Empire menaça les nationalités. La république avait triomphé de la ligue des rois; l'Empire succomba sous la coalition des peuples.

V

QUATRIÈME COALITION. GUERRE AVEC LA PRUSSE ET AVEC LA RUSSIE. TRAITÉ DE TILSITT

Le système d'Etats fédératifs, dans lequel il venait de faire entrer la Hollande et le royaume de Naples, engagea Napoléon dans les affaires de l'Allemagne. Si l'empire avait besoin de protéger ses deux extrémités du Nord et du Midi, il lui était encore plus nécessaire de couvrir son flanc droit si largement ouvert du côté du Rhin.

Depuis 1795, l'Allemagne avait subi de nombreuses modifications. La France ne s'était pas contentée d'atteindre la rive gauche du Rhin. Ses armes et son influence avaient débordé sur la rive droite. Après les traités de Campo-Formio et de Lunéville, plusieurs petits états de l'Allemagne avaient disparu, (recès de 1803). Après celui de Presbourg, d'autres Etats, alliés de la France, s'étaient agrandis. Les duchés de Bavière et de Wurtemberg avaient été transformés en royaumes ; le marquisat de Bade en grand-duché. Ces changements n'en laissaient pas moins subsister le vieil empire germanique, peu puissant, à vrai dire, dans la confusion de ses trois cents Etats de tout ordre, mais dangereux entre les mains de l'Autriche, qui le tournait contre la France.

Napoléon chercha à garantir la France contre cette menace permanente. Il était, d'ailleurs, attiré en Allemagne par les sollicitations des Allemands eux-mêmes[1], par les traditions de la politique française, celle de Richelieu et de Mazarin ; et il cédait encore à sa passion de tout organiser, même chez les autres.

Il ne lui suffisait pas d'affaiblir l'Autriche en Allemagne, il projeta de l'en exclure. Mais que faire de l'Allemagne rendue à elle-même? Une nation compacte et forte de 30 millions d'hommes qui contiendrait l'Autriche dans le midi, tandis que la Prusse lui ferait contrepoids dans le Nord? qui pourrait même, lasse des Habsbourg, se tourner un jour vers les Hohenzollern, et leur confier la direction des intérêts allemands? — C'était dangereux; c'était travailler à cette *unité allemande* vers laquelle on sentait de vagues aspirations, qui devaient éclater dans le soulèvement de 1813 ; c'était surtout aider à la fortune de la Prusse, petite monarchie récente de 9 millions de sujets, à peine, dont Napoléon se servait, sans l'estimer, et qu'il venait d'agrandir (par le Hanovre), sans la craindre. Cette politique, un moment conçue par Napoléon, et reprise par le second empire, qui laissa la Prusse s'accroître aux dépens de l'Autriche, nous a coûté cher. En 1806 par aveuglement, par jalousie, la Prusse elle-même, refusa de s'y associer. Alors Napoléon, pour arracher l'Allemagne à l'Autriche,

[1] Voir A Rambaud : *Les Français en Allemagne.*

notre vieille ennemie, sans la donner à la Prusse, notre alliée incertaine, Napoléon se l'adjugea. Le 12 juillet 1806, après d'habiles et secrètes négociations, un traité fut signé par lequel les rois de Bavière et de Wurtemberg, les grands ducs de Bade et de Berg, le landgrave de Hesse-Darmstadt et dix autres princes, se séparèrent du corps germanique et formèrent une nouvelle association d'Etats sous le nom de *Confédération du Rhin* (Rheinbund). Les intérêts de la confédération étaient réglés par une diète tenue à Francfort. L'empereur des Français devenait le *protecteur* de la confédération qui contractait avec lui une alliance offensive et défensive, et mettait à sa disposition un contingent de 63.000 hommes. Ce traité fut ratifié par l'empereur, à Saint-Cloud, le 19 juillet.

L'Autriche, stupéfaite, se résigna. François II renonça à son titre d'empereur d'Allemagne pour commencer, sous le nom de François Ier, la série des *empereurs d'Autriche*. En possession de la Gaule, de l'Italie et d'une partie de l'Allemagne, Napoléon faisait revivre l'ancien *empire d'Occident*. Après dix siècles d'intervalle, il devenait l'héritier de Charlemagne.

La Prusse, qui consentait à l'affaiblissement de l'Autriche n'accueillit qu'avec effroi la confédération du Rhin. C'était une Allemagne nouvelle, formée sans elle, et peut-être contre elle. Elle se plaignit vivement. Napoléon lui permit de former une *Confédération du Nord* avec le Meklembourg, et les villes hanséatiques, (Hambourg, Brême et Lubeck) ; mais il entrava tout ce qu'elle fit pour la constituer.

Elle eut bientôt un autre grief. Napoléon négociait

alors la paix avec l'Angleterre, et lui offrit la restitution du Hanovre, qu'il avait donné à la Prusse par un traité du 15 février 1806, confirmatif du traité de Schœnbrunn du 15 décembre 1805. La Prusse le sut, et s'indigna contre cet allié qui disposait si aisément du territoire d'autrui. Elle voulut la guerre. Le roi Frédéric Guillaume III, (sur le trône depuis 1797) y répugnait. L'exaltation de la reine Louise, ardente et chevaleresque, qui passait des revues, habillée en dragon, l'irritation de l'armée qui vivait sur les souvenirs de Rosbach et se croyait encore au temps de Frédéric II ; enfin les excitations qui venaient d'Allemagne après l'exécution du libraire Palm, de Nuremberg[1], tout l'entraîna. Il obtint les subsides de l'Angleterre, et il forma, avec la Suède et la Russie, la *quatrième coalition*.

La Prusse qui se lançait dans la guerre avec une folle imprudence, y débuta par une énorme faute stratégique. Au lieu de nous attendre sur l'Elbe, deux armées prussiennes vinrent prendre position, l'une sous le vieux duc de Brunswick, (l'homme de 1792), en Thuringe ; l'autre, sous le prince de Hohenlohe, derrière le Frankenwald. Comme les Autrichiens, en 1805, les Prussiens manœuvraient trop loin de leur capitale.

Napoléon dont les troupes furent concentrées à Wurzbourg, dès le 2 octobre, résolut de tourner les armées prussiennes, et de leur couper la route de Berlin, comme il avait coupé à Mack la route de Vienne. Il fit franchir

[1] Le libraire Palm, avait reçu, sans le savoir, des brochures dirigées contre Napoléon. Il fut arrêté, conduit à Braunau jugé sommairement et fusillé. (26 août 1806). Il fut regardé en Allemagne comme un martyr.

à la Grande armée les défilés du Frankenwald par les trois routes parallèles de Hof, de Cobourg et de Cronach, et déboucha brusquement dans la vallée de la Saale en refoulant la gauche prussienne aux combats de *Schleitz* et de *Saalfeld* (9-10 octobre 1806). Comprenant alors le dessein de l'empereur, les Prussiens se hâtent de regagner l'Elbe, en filant le long de la Saale. Il est trop tard. Le 14 octobre l'armée de Hohenlohe rencontre, à *Iéna*, Napoléon qui l'arrête et la disperse. Le même jour, à quelques lieues de distance, Brunswick, avec le roi de Prusse, se heurte contre Davout au plateau d'*Auerstaedt*. Davout n'a que 26.000 hommes contre 56.000 : mais ces hommes appartiennent aux trois divisions Gudin, Friant, Morand. Il les range en carrés, et ferme le passage aux Prussiens. Après plusieurs heures d'une lutte effroyable, pendant laquelle Brunswick est tué, les Prussiens s'enfuient vers le sud. Ils rencontrent les fuyards d'Iéna, et les deux déroutes n'en font plus qu'une, immense et irréparable. Cette seule journée suffit à l'écrasement de la Prusse. Aucune victoire ne fut plus décisive.

Tandis que ses lieutenants poursuivaient les débris des armées ennemis, Napoléon marchait sur Berlin. Il passa à Potsdam, le 25 octobre. Il y visita le tombeau du grand Frédéric et prit son épée qu'il envoya aux Invalides. Le 27, il entra à Berlin, et s'établit dans le palais du roi. Il déploya contre les vaincus une rigueur singulière. La Prusse dut payer une contribution de guerre de 150 millions. Les pays conquis furent partagés en départements, confiés à des administrateurs français. Il ne restait au roi Frédéric Guillaume que les provinces au-delà de l'Oder et la Silésie. Lui-même s'était réfugié à Kœnigsberg, où il attendait les conditions du vainqueur.

Mais Napoléon n'estimait pas que la lutte fût terminée par la défaite de la Prusse. Après avoir publié contre l'Angleterre le décret de Berlin, du 21 novembre 1806, qui mettait les îles Britanniques en état de blocus il se tourna contre la Russie.

Les Russes avaient commis en 1806 la même faute qu'en 1805. Ils étaient restés trop loin de leurs alliés pour pouvoir leur porter secours. Quand ils arrivèrent sur la Vistule, la Prusse était déjà conquise. Napoléon alla au devant d'eux, et pénétra en Pologne par Posen, d'où il lança la proclamation suivante :

Au quartier général impérial à Posen, le 2 décembre 1806. « Soldats, il y a aujourd'hui un an, à cette date même, que vous étiez sur le champ mémorable d'Austerlitz. Les bataillons russes épouvantés fuyaient en déroute ou enveloppés rendaient les armes à leurs vainqueurs. Le lendemain ils firent entendre des paroles de paix, mais elles étaient trompeuses. A peine échappés aux désastres de la troisième coalition, ils en ont ourdi une quatrième. Mais l'allié sur lequel ils fondaient leur principale espérance n'est déjà plus. Ses places fortes, ses capitales, ses magasins, ses arsenaux sont en notre pouvoir. L'Oder, la Wartha, les déserts de la Pologne, les mauvais temps de la saison n'ont pu vous arrêter un instant. Vous avez tout bravé, tout surmonté. Tout a fui à votre approche.

« C'est en vain que les Russes ont voulu défendre la

capitale de cette ancienne et illustre Pologne. L'aigle français plane sur la Vistule. Le brave et infortuné Polonais, en vous voyant, croit revoir les légions de Sobieski, de retour de leur mémorable expédition. Soldats ! nous ne déposerons point les armes que la paix générale n'ait affermi et assuré la puissance de nos alliés, n'ait restitué à notre commerce sa liberté et ses colonies... Qui donnerait le droit aux Russes de renverser de si justes desseins ? Eux et nous ne sommes-nous pas les soldats d'Austerlitz ? » Signé : NAPOLÉON.

Par l'empereur ; le major général de la grande armée, maréchal BERTHIER.

Il arriva, le 18 décembre à Varsovie. Il y fut reçu avec enthousiasme. On attendait de lui la résurrection de la Pologne. Qu'allait-il faire ?

Parmi les crimes qu'a enregistrés l'histoire, le partage de la Pologne, au siècle dernier, fut un des plus exécrables. Croire toutefois que Napoléon, dans le relèvement de la Pologne, eût cherché la réparation d'une monstrueuse iniquité, ce serait peu le connaître. Il n'en calcula que le profit pour sa politique. Toute la question, pour lui, se réduisait à ce terme : pouvait-il relever la Pologne ? Il ne le pensa pas. Pourtant, des trois complices du partage, l'Autriche était réduite à l'impuissance ; la Prusse, sous sa main ; la Russie, exposée à ses coups. Il n'avait qu'à le vouloir, et des provinces de l'ancienne Pologne, il faisait un état nouveau qui pouvait tenir, dans l'Europe centrale, une place importante. Il ne le voulut pas. Il était en proie à cette chimère d'une alliance avec la Russie, qui mettrait le continent sous les lois de deux grands empires d'Occident et d'Orient, et l'unirait contre l'Angleterre. La Pologne affranchie, c'était la Russie fermée. Voilà pourquoi Napoléon n'affranchit pas la Pologne. En attendant, il avait besoin d'elle, et sans lui rien promettre, il lui fit tout espérer.

L'année 1806 se termina par une courte et pénible campagne dans des plaines marécageuses (Combats de Pultusk, 26 décembre), et Napoléon prit ses quartiers d'hiver sur la Vistule.

En 1807, au cœur de l'hiver, les Russes qui avaient pris l'offensive, furent repoussés, et se retirèrent sur la route de Kœnigsberg, où s'engagea la sanglante bataille d'*Eylau* (8 février). Trente mille russes et dix mille français restèrent sur le champ de bataille couvert de neige : spectacle affreux dont le Bulletin ne put dissimuler l'horreur.

La lutte resta suspendue quatre mois. Avec la belle saison, les Russes prirent, de nouveau, l'offensive. Ils furent vaincus à *Friedland*, le 14 juin, jour anniversaire de Marengo. L'armée française entra dans Kœnigsberg le 16, et atteignit le Niemen, frontière de l'empire russe, le 19 juin.

Vaincue dans le Nord, la coalition n'était pas plus heureuse dans le midi. Le sultan Selim III était redevenu l'allié de la France, et une tentative des Anglais contre Constantinople avait échoué devant l'énergie de notre ambassadeur, le général Sebastiani (février 1807).

Quand Alexandre de Russie vit les Français sur le Niemen, il demanda la paix à Napoléon. Les deux souverains se rencontrèrent sur un radeau, au milieu du fleuve, en présence des deux armées rangées en bataille. « Je hais les Anglais autant que vous, » dit Alexandre en abordant Napoléon. — « Alors, répondit celui-ci, la paix est faite. » (25 juin). Après cette première entrevue les négociations se poursuivirent dans la petite ville prussienne de Tilsitt, et aboutirent au traité du 8 juillet 1807.

Comme l'Autriche à Presbourg, la Prusse à Tilsitt, payait les frais de la guerre. « Par égard pour l'empe-« reur de Russie et dans son désir d'unir les deux na-« tions par un lien d'amitié éternelle, » Napoléon « con-« sentait » à restituer au roi de Prusse, la vieille Prusse, la Poméranie, le Brandebourg et la Silésie, mais il lui enlevait les provinces entre l'Elbe et le Rhin, et les provinces polonaises. Les premières formèrent avec la Hesse, le Brunswick et une partie de la Vestphalie, *le royaume de Westphalie*, (capitale Cassel), qui fut donné à Jérôme Bonaparte. Les autres, sous le nom de grand duché de Varsovie furent donnés à l'ancien électorat de Saxe, qui devint *le royaume de Saxe*. La Prusse était réduite de plus de moitié. Elle ne devait être évacuée par les Français qu'après l'acquittement complet des contributions de guerre. Elle ne pouvait plus entretenir qu'une armée de 40.000 hommes.

Napoléon ne demandait à Alexandre que d'adhérer au blocus continental, et il signa avec lui une alliance offensive et défensive contre l'Angleterre. Mais le désir de s'attacher le tsar lui fit commettre deux fautes considérables ; il abandonna à Alexandre le démembrement de la Turquie et de la Suède, deux des plus anciennes et des plus fidèles amies de la France.

Toute la gloire du traité de 1807 était pour Napoléon, mais tout l'avantage pour Alexandre. Napoléon n'obtenait qu'un appui éphémère pour un projet chimérique. La Russie s'assurait la domination de la Baltique et de la Mer Noire. Enfin, Napoléon avait trop humilié la Prusse, sans la mettre dans l'impuissance de se relever.

La Prusse, après 1807, n'eut plus qu'une pensée : refaire la patrie. Tous y travaillèrent : les hommes d'Etat comme le baron de Stein, les généraux, comme Scharnhorst ; les savants comme Guillaume de Humbold. Stein, en abolissant des privilèges féodaux et en assurant la propriété, intéressa les citoyens à l'Etat transformé. Scharnhorst créa l'armée nationale. Par l'habile système du *landwehr*, il sut appeler, successivement, tous les hommes sous les drapeaux, sans augmenter les charges de l'Etat, comme il sut les instruire sans exciter les soupçons de Napoléon. Humbold fit plus encore; il fonda l'Université de Berlin. L'Université de Berlin devint l'ardent foyer où se retrempa le patriotisme prussien, et d'où se répandit, au dehors, l'enthousiasme fécond qui suscita le patriotisme allemand. L'idée de l'*unité allemande* apparut, pour la première fois, dans les *Discours à la nation allemande* du professeur Fichte, et toute la jeunesse put dire bientôt, comme Arndt, l'étudiant poète : « C'est dans la colère que je reconnus ma patrie et que j'appris à l'aimer. Quand, par suite de ses discordes, l'Allemagne ne fut plus rien, mon cœur en conçut et en embrassa l'unité et l'union. » Toute l'Allemagne s'habitua dès lors à regarder vers la Prusse pour attendre d'elle l'affranchissement et la revanche ;

de telle sorte que c'est Napoléon lui-même qui a contribué à former l'Allemagne contemporaine.

Le vainqueur qui surveillait avec jalousie les exercices militaires ignora cette transformation morale du vaincu. Aussi triomphait-il en vain. En vain, il partageait l'Europe avec le tsar ; en vain il allait porter ses aigles du Niemen aux bords du Tage et les ramener de l'Èbre sur le Danube ; là-bas, dans le nord, dans ce petit pays de Brandebourg écrasé, épuisé, méprisé, s'amassaient les haines nationales qui aboutirent à l'explosion de 1813, aux expiations de 1814 et de 1815, et à des représailles plus lointaines encore et plus terribles.

VI

LE BLOCUS CONTINENTAL. LES AFFAIRES D'ESPAGNE. LA CINQUIÈME COALITION

Le blocus continental inaugure une deuxième période dans le règne de Napoléon. Il avait dit, en levant le camp de Boulogne : « C'est sur le continent que je vaincrai l'Angleterre ! » Il semblait avoir réussi. Il avait détaché de l'Angleterre tous ses alliés. En trois campagnes rapides il avait écrasé l'Autriche à Austerlitz, la Prusse à Iéna, la Russie à Friedland, et le traité de Tilsitt, signé à l'extrémité de l'Europe, marquait le terme de cette course victorieuse. Maintenant qu'il était le maître du continent il fallait le tourner contre l'Angleterre. Comment ? En renouvelant la tentative manquée de 1803 ? Non, en employant contre l'Angleterre un système économique et politique dont elle-même lui donna l'idée.

Le 16 mai 1806, l'Angleterre avait déclaré *en état de blocus* tous les ports français de Hambourg à Brest, et défendu aux bâtiments neutres de porter leurs chargements ailleurs que dans les ports anglais.

A ce blocus *fictif*, Napoléon répondit par le décret de

Berlin, du 21 novembre 1806, qui proclamait le *blocus continental*. « Les îles Britanniques, y disait-il, sont dé-« clarées en état de blocus, et tout commerce est in-« terdit avec elles. Toute marchandise appartenant à « l'Angleterre ou provenant de ses fabriques est décla-« rée de bonne prise... Aucun bâtiment anglais ou venu « des possessions anglaises ne peut être reçu dans les « ports de la France ou de ses alliés... »

L'Angleterre força alors tous les bâtiments des puissances neutres, amies, et même alliées, non seulement à la visite des croiseurs anglais, mais encore à une station en Angleterre, et à une imposition sur leurs chargements. A quoi Napoléon répondit encore par le *décret de Milan* (17 décembre 1807) qui déclarait « dé-« nationalisé et de bonne prise tout bâtiment qui se se-« rait soumis à la visite et à l'imposition des Anglais. » Partout, sur le continent, les marchandises anglaises furent recherchées, confisquées ou brûlées.

Le plan de Napoléon était de fermer à l'Angleterre le continent, débouché nécessaire de ses produits industriels et coloniaux, et, soit par la cessation de son travail, soit par l'encombrement de ses magasins, de provoquer chez elle une crise intérieure où disparaîtrait ce gouvernement acharné contre la France. Mais le blocus tout en forçant l'industrie continentale à fabriquer elle-même ce qu'elle demandait naguère à la Grande Bretagne se fit d'abord sentir par de cruelles privations. Les droits d'entrée de certains produits s'élevèrent d'une façon exorbitante : c'est ainsi qu'à Paris on paya le sucre 6 francs la livre.

En outre, malgré l'immense armée de douaniers répandue sur les côtes de l'empire, le continent n'était pas si étroitement fermé que les marchandises anglaises n'y pussent pénétrer par une active et insaisissable contrebande. Napoléon, d'ailleurs, reconnaissait si bien l'impossibilité d'appliquer les décrets dans toute leur rigueur qu'il vendait à des négociants français, sous le nom de *licences*, le droit de trafiquer avec l'Angleterre. Au point de vue économique le blocus ne donna donc pas les résultats qu'on en attendait et un ministre même de l'Empire, le comte Mollien, a pu le condamner comme *à la plus désastreuse et la plus fausse des inventions fiscales.* » Au point de vue politique, le blocus eut des conséquences encore plus déplorables. Car pour l'étendre ou le faire observer, Napoléon fut poussé à des envahissements nouveaux qui provoquèrent à une réaction générale de l'Europe.

En attendant l'issue de ce duel gigantesque entre Napoléon et l'Angleterre, les petits Etats étaient forcés de choisir entre les deux adversaires, sans autre alternative, quel que fût leur choix, que la ruine de leur commerce ou la perte de leur liberté. C'est ainsi que le Danemark paya du bombardement de Copenhague, par les Anglais, son attachement à la France (1-7 septembre 1807) ; et que le Portugal expia, par une invasion française, sa fidélité à l'Angleterre.

Le Portugal était depuis longtemps une véritable colonie anglaise. Sommé d'appliquer le blocus, il s'y refusa. Napoléon signa avec les Bourbons d'Espagne, par le traité secret de Fontainebleau (27 octobre 1807), le partage de ce petit royaume que Junot fut chargé d'envahir. Junot traversa l'Espagne en toute hâte ; mais avant son arrivée à Lisbonne, la famille royale et les principales familles du royaume s'embarquèrent sur la flotte portugaise, et s'enfuirent au Brésil. Le Portugal n'en fut pas moins occupé par les Français, et soumis à une énorme contribution de guerre. Cette occupation conduisit à celle de l'Espagne elle-même.

Charles IV de Bourbon, cousin de Louis XVI, était roi d'Espagne depuis 1788. Mais le véritable souverain en était Manuel Godoï, que la faveur de la reine, et la complaisance de son mari, avaient fait premier ministre, grand amiral, et après le traité de Bâle (1795), prince de la Paix. En dehors de ce singulier ménage vivait le prince des Asturies, Ferdinand, ignorant, fourbe et corrompu, mais aimé du peuple pour la haine qu'il portait au favori, et l'éloignement où le tenaient ses parents. Le désaccord de la famille royale fit concevoir à Napoléon le dessein de s'emparer du trône d'Espagne. Il lui semblait que la possession de toute la Péninsule était nécessaire au succès du blocus.

Sous prétexte de soutenir Junot, des troupes françaises entrèrent en Espagne, s'installèrent dans les places, prirent position sur le Douro, en Navarre, en Catalogne, etc. Il y eut bientôt en Espagne 80. 000 hommes sous les ordres de Murat (nov. 1807, mars 1808). Le plan de Napoléon était de réduire, par la terreur, la maison de Bourbon à imiter la maison de Bragance. Il faillit réussir. Charles IV, cédant aux instances de Godoï, voulut fuir en Amérique. Ferdinand, qui regardait les Français comme des libérateurs, s'y opposa. Un soulèvement populaire éclata à Aranjuez où s'était retirée la cour (18 mars). Godoï fut renversé et menacé. Charles IV, pour sauver *son pauvre ami*, abdiqua, et Ferdinand fut proclamé roi, sous le nom de Ferdinand VII, au milieu de l'allégresse publique.

Napoléon fut d'abord embarrassé par les événements d'Aranjuez. Mais la fortune continua de travailler pour lui, car il fut pris pour arbitre entre le père qui protestait contre *l'usurpation* de son fils et le fils qui sollicitait sa puissante amitié. Il se rendit alors à Bayonne, y attira Ferdinand, puis le vieux roi. Il força Ferdinand à rendre la couronne à son père, et celui-ci abdiqua en sa faveur (5 mai 1808.) Ferdinand fut envoyé à Valençay (Indre) chez M. de Talleyrand. Charles IV, sa femme et Godoï, vinrent s'établir à Compiègne. C'est ainsi que Napoléon obtint le trône d'Espagne. Il le céda, lui-même, le 6 juin suivant, non pas à Murat, qui l'espérait, mais à Joseph, qui ne s'en souciait guère. Murat remplaça Joseph à Naples.

C'était disposer aisément de l'Espagne. On lui annonça que c'était pour son plus grand bien. « Espagnols, di« sait Napoléon dans une proclamation : *après une lon« gue agonie votre nation périssait ; j'ai vu vos maux ; je « vais y porter remède. Votre monarchie est vieille, ma « mission est de la rajeunir*. J'améliorerai vos institutions, « et je vous ferai jouir, si vous me secondez, des bien« faits d'une réforme sans froissements, sans désordres, « sans convulsions. »

Quel que fût le but de Napoléon, nul doute que son génie organisateur n'eût rendu de précieux services à un pays laissé, depuis deux siècles, sans travail et sans idées, appauvri par ses rois et asservi par ses prêtres ; pays riche pourtant, au sol fécond, avec une race d'hommes fière et énergique, qui se reposait longuement d'avoir fait jadis de grandes choses, et qui ne vivait plus que de souvenirs, de processions et de soleil.

Mais l'Espagne ne voulut pas du bonheur qu'on lui apportait avec des baïonnettes, et elle se souleva contre les réformes de Napoléon. Alors commença une guerre opiniâtre, sous un climat brûlant, dans un pays entrecoupé de montagnes, inaccessible aux convois, dénué de tout, fertile en embuscades, favorable aux bandes de partisans ou *guerillas*, dont les coups de main s'ajoutèrent aux opérations des armées regulières ; guerre d'une Vendée nouvelle, qui coûta 300. 000 soldats à Napoléon, lassa ses meilleurs généraux, l'irrita lui-même jusqu'à la fureur, en lui faisant traiter les Espagnols de *canailles*, de *bandits*, etc., et commença la décadence de l'Empire. « J'embarquai fort mal cette affaire, disait-il « à Ste-Hélène. L'immoralité dut se montrer par trop « patente, l'injustice par trop cynique, et l'attentat ne « se présente plus que dans sa hideuse nudité, privé de « tout le grandiose et des nombreux bienfaits qui rem« plissaient mon intention. La guerre d'Espagne a été « une véritable plaie, et la cause première des malheurs « de la France... C'est ce qui m'a perdu. »

Ce qui caractérise l'insurrection espagnole, c'est qu'elle fut à la fois soudaine et unanime. Elle éclata dans toutes les provinces que n'occupaient pas les Français, dès la fin de mai 1808, et s'y organisa sous des *juntes* (conseils) locales, tandis qu'une junte suprême, établie à Séville, proclamait Ferdinand VII, malgré sa captivité, *roi d'Espagne et des Indes*. Elle n'empêcha pas le maréchal Bessières de remporter la victoire de

Medina del Rio Seco (14 juillet) qui ouvrit à Joseph la route de Madrid. Mais le général Dupont fut forcé de signer dans l'Andalousie la désastreuse capitulation de *Baylen* (22 juillet). 18.000 hommes, les trois divisions Dupont, Vedel et Gobert, furent jetés sur les rochers de l'île Cabrera (Baléares), où la moitié périt de faim et de misère. De son côté, Junot, vaincu par les Anglais, évacua le Portugal par la Convention de *Cintra* (30 août).

Joseph, à peine entré dans Madrid, en sortit. Il était roi sans sujets. Il écrivait fort justement à son frère : « ma situation est unique dans l'histoire. » Napoléon décida d'aller lui-même en Espagne.

Il fallait d'abord s'assurer du Nord de l'Europe, car la défaite de Baylen avait ravivé en Allemagne, à Berlin et à Vienne, de patriotiques espérances. Il imagina d'en confier la garde à la Russie, et proposa une entrevue à Alexandre. Les deux souverains se rencontrèrent à *Erfurth* (Saxe). Ils y passèrent 18 jours, du 27 septembre au 14 octobre, dans la plus étroite intimité, au milieu de fêtes splendides auxquelles fut associée la Comédie-Française, mandée de Paris, en poste, pour jouer devant « un parterre de rois. » Napoléon, toutefois, ne conserva l'alliance du tsar qu'en sacrifiant encore la Finlande et l'empire ottoman, (traité secret du 12 octobre).

Napoléon partit alors pour l'Espagne avec la Grande Armée. Il frappa des coups rapides à *Espinosa* et à *Burgos*, franchit le défilé de *Somo-Sierra*, et ramena Joseph dans Madrid (4 décembre 1808). En même temps *Sarragosse* était livrée, pour la seconde fois, aux horreurs d'un siège effroyable (19 déc. 1808 19 février 1809).

L'Espagne paraissait domptée. Napoléon commençait de travailler à sa transformation par des décrets. Il abolissait les droits féodaux, supprimait l'Inquisition, les deux tiers des couvents, etc., quand il fut rappelé par ce qu'il appelait la *folle agression* de l'Autriche (janvier 1809)[1].

L'Autriche, comme la Prusse, après Iéna, avait préparé une revanche d'Austerlitz. Comme le baron de Stein à Berlin, le comte de Stadion, à Vienne, avait réformé l'administration civile ; comme les généraux prussiens, l'archiduc Charles avait refait une armée. L'irritation, d'ailleurs, croissait, en Allemagne, contre les Français, et elle avait donné naissance à la société du *Tugend-Bund* (lien de la vertu). Le moment semblait favorable pour un soulèvement national qui aurait devancé 1813. Mais Napoléon, à force de promesses, retint

[1] Pour ne pas rompre l'unité des chapitres qui vont suivre, nous résumons, dès maintenant, les principaux événements de la guerre d'Espagne jusqu'en 1813.

Napoléon comprenait que pour avoir l'Espagne il fallait chasser les Anglais du Portugal. Soult, chargé en 1809 d'envahir le Portugal, s'arrêta à Oporto, et recula devant Wellington. Celui-ci s'établit alors, au nord de Lisbonne, dans les fortes lignes de *Torres-Vedras* d'où Masséna essaya vainement de le déloger (oct. 1810 fév. 1811). Masséna, disgrâcié, laissa le commandement à Marmont, qui fut, lui-même, vaincu aux *Arapiles*, près de Salamanque 1812.

Dans le centre et dans l'Est, nous avions plus de succès. Suchet s'illustrait par des siéges en Catalogne, en 1809 et en 1810 ; par la prise de Tarragone et la victoire de *Sagonte*, en 1811. Mais les revers de Napoléon en Allemagne forcèrent Joseph de quitter Madrid. Les Français furent écrasés par les Anglais à *Vittoria* 1813, et ils évacuèrent l'Espagne, où Napoléon renvoya Ferdinant VII. (traité de Valençay, décembre 1813). Après nous avoir chassés d'Espagne, les Anglais envahirent la France par Bayonne.

Alexandre dans son alliance. La Prusse, doutant encore d'elle-même, refusa d'agir. L'Autriche seule, encouragée par cent millions de subsides anglais, se déclara contre Napoléon, quoi qu'il fît pour la désarmer ; car il lui offrit d'évacuer l'Allemagne. Avec l'Angleterre elle fit entrer l'Espagne et le Portugal dans une *cinquième coalition*.

Le 6 avril 1809, l'archiduc Charles prit l'offensive en appelant aux armes *la nation Allemande*. Avec l'armée principale, il devait envahir la Bavière, notre alliée, l'archiduc Jean, soulever le Tyrol et descendre en Italie, l'archiduc Ferdinand, attaquer le grand duché de Varsovie.

Une moitié de l'armée française, sous Davout, se trouvait à Ratisbonne, l'autre moitié, sous Masséna, à Augsbourg. L'archiduc Charles qui s'avançait sur l'Isar aurait pu les écraser toutes deux isolément. Il les laissa se concentrer sur le Danube, sous la main de Napoléon. Celui-ci pousse en avant, et, en cinq jours, remporte cinq victoires, à *Thann*, *Abensberg*, *Landshut*, *Eckmühl*, et *Ratisbonne*, où il fut légèrement blessé (19-23 avril 1809). L'archiduc bat en retraite par la rive gauche du Danube, Napoléon, par la rive droite marche sur Vienne, où il entre, pour la deuxième fois, le 13 mai. Au pied des Alpes et sur la Vistule, ses lieutenants avaient été moins heureux.

Les Autrichiens s'étaient retirés au nord de Vienne après avoir détruit les ponts du Danube. Napoléon fit jeter des ponts de bateaux, près de l'île Lobau, au dessous de Vienne, et commença le passage. Mais une crue subite emporta les ponts. Masséna resté sur la rive gauche, dans les villages *d'Essling* et *d'Aspern*, soutint pendant deux jours tout l'effort de l'armée autrichienne (21-22 mai). Il fallut repasser le fleuve. Cette sanglante affaire d'Essling où fut tué le maréchal Lannes fut accueillie en Allemagne comme une victoire. L'archiduc avait tenu tête à Napoléon.

Après 40 jours de travaux qui transformèrent l'île Lobau en camp retranché ; après avoir reçu des renforts, et rallié, sous les murs de Vienne, l'armée d'Italie, conduite par Eugène et Macdonald, Napoléon recommença le passage dans la nuit du 4 au 5 juillet. Le 5, 150.000 hommes et 550 bouches à feu se trouvaient sur la rive gauche du Danube. Le 6, était gagnée la victoire de *Wagram*. Le 12 l'Autriche signa l'armistice de *Znaïm*, et des négociations s'ouvrirent. Mais c'est seulement le 14 octobre que la paix fut conclue (traité de Vienne). La cinquième coalition était dissoute. Napoléon avait d'abord projeté de s'attacher l'Autriche, en ne lui imposant aucune autre condition que l'abdication de l'empereur François, qui aurait été remplacé par l'archiduc Ferdinand. Puis, il ne songea qu'à lui enlever des provinces, alors qu'il était démontré par cinq coalitions que des cessions de territoire ne terminaient rien avec elle. L'Autriche fut donc dépouillée au profit de la France et de ses alliées, la Bavière et la Saxe.

La France prit la Carniole, l'Istrie, la Croatie, la Dalmatie, dont la réunion forma les *Provinces Illyriennes*, confiées au gouvernement de Marmont, duc de Raguse. La Bavière reçut Salzbourg et Braunau ; la Saxe, Cracovie et la Gallicie.

L'Autriche avait agi trop tôt. Elle avait compté sur la

diversion de l'Espagne ; sur le soulèvement de la Prusse, après Essling ; sur un débarquement de l'Angleterre après Wagram (tentative des Anglais sur Walcheren) ; rien n'avait abouti. Elle y perdait 3.500.000 habitants; mais elle pouvait recommencer.

Deux jours avant la signature du traité de Vienne, un jeune étudiant, nommé *Stabs*, tenta de poignarder Napoléon. Il fut fusillé. En tombant, il cria : « Vive la liberté ! vive la Germanie ! » La Germanie allait venir et c'était Napoléon, lui-même, qui l'avait faite.

VII

L'EMPIRE FRANÇAIS EN 1811. L'ADMINISTRATION IMPÉRIALE

Le blocus continental, en forçant tous les Etats jusqu'alors restés neutres de choisir entre Napoléon et l'Angleterre, avait atteint même l'Etat pontifical. Plus que tout autre souverain, le pape, par son caractère spirituel, semblait écarté de la lutte ; mais ses domaines temporels, situés entre le royaume d'Italie et le royaume de Naples, tous les deux soumis à Napoléon, rendirent sa neutralité difficile et bientôt impossible. Dès 1807, la rupture éclata entre Pie VII et Napoléon. En 1808, Napoléon s'empara des Légations, qui formèrent 3 départements, réunis au royaume d'Italie. Le pape protesta, et rappela le nonce. Napoléon fit occuper Rome et les Etats romains formèrent deux départements rattachés directement à l'Empire (1809). Le pape lança une bulle d'excommunication. Napoléon le fit enlever de Rome, conduire à Grenoble, puis à Savone, enfin à Fontainebleau. La lutte plus tard, devint encore plus violente, et fit beaucoup de tort à l'Empire. On oublia tout ce que Napoléon avait fait pour l'Eglise. On ne vit plus en lui

5*

qu'un soldat brutal aux prises avec un vieillard désarmé.

Aveuglé par le succès, Napoléon ne cessait d'annexer de nouveaux territoires. Dans le midi, il prit à la Bavière le *Tyrol* italien, comme chemin des provinces Illyriennes ; à la Suisse, le *Valais*, comme chemin de l'Italie, par le Simplon. Dans le Nord, après avoir diminué la Hollande de deux provinces, malgré l'opposition de son frère Louis, il incorpora à l'empire le royaume tout entier (9 juillet 1810). « C'était compléter, dit-il, son système de guerre, de politique et de commerce ; « d'ailleurs ce pays était réellement une portion de la « France, puisqu'il n'était que l'alluvion du Rhin, de « la Meuse, et de l'Escaut, c'est-à-dire de grandes artères de l'empire ; enfin, c'était un pas nécessaire à la « restauration de notre marine et un coup mortel porté « à l'Angleterre. » Quelques mois après, le grand-duché *d'Oldenbourg*, et les villes hanséatiques, Hambourg, Brême, Lübeck, eurent le même sort (décembre 1810).

C'est ainsi que Napoléon bouleversait l'Europe au gré de ses passions, et qu'il élevait le prodigieux édifice de l'Empire au milieu des débris des dynasties et des nationalités. Pour assurer la durée à cette œuvre rapide il exécuta un dessein qu'il avait conçu depuis plusieurs années. Il fit rompre son union avec Joséphine qui ne lui avait pas donné d'héritier [1], et il chercha une nou-

[1] Le divorce fut prononcé par le Sénat (1809). Joséphine qui conservait le titre d'impératrice se retira au château de la Malmaison où elle mourut en 1814. Malgré sa frivolité, elle fut regrettée. Sa fille Hortense avait épousé Louis de Hollande, et fut mère de Napoléon III.

Baptême du roi de Rome.

velle épouse dans une des grandes familles de l'Europe. Il demanda la main d'une sœur d'Alexandre, et comme on tardait à la lui accorder, il épousa une fille de l'empereur d'Autriche, l'archiduchesse Marie-Louise (avril 1810). Le 20 mars 1811 naquit le roi de Rome. Le 9 juin eut lieu le baptême. Napoléon accompagné de sa cour, des grands corps de l'Etat, des ambassadeurs, de vingt cardinaux, de cent évêques, conduisit son fils à Notre-Dame, puis,

. . . .

Quand il eut bien fait voir l'héritier de ses trônes
Aux vieilles nations comme aux vieilles couronnes,
Eperdu, l'œil fixé sur quiconque était roi,
Comme un aigle arrivé sur une haute cime
Il cria tout joyeux, avec un air sublime :
« L'avenir, l'avenir, l'avenir est à moi ! »

. . . .

V. Hugo.

(Chants du crépuscule : Napoléon II.

Il le croyait alors. Et certes un légitime orgueil pouvait emplir sa pensée devant le spectacle que présentait l'empire français dans cette année 1811.

L'empire comprenait 130 départements dont 103 étaient dans les limites naturelles de la France, des Pyrénées aux Alpes et au Rhin. Hors de ces limites, en Hollande, en Allemagne, en Italie, s'étendait comme un nouvel Etat, formé de 27 départements et de 7 provinces Illyriennes. Amsterdam, Hambourg, Turin, Gènes, Rome, Raguse, avaient des préfets français. L'Empire comptait 45 millions de sujets.

A l'Empire, il faut ajouter le *royaume d'Italie* (capitale Milan), qui renfermait 24 départements. Indirectement, Napoléon disposait encore des royaumes de Westphalie, de Naples et d'Espagne appartenant à ses frères; des royaumes de Saxe, de Bavière, de Wurtemberg, de la confédération du Rhin, (22 Etats), et de la république Helvétique, élevés et organisés par sa main. Enfin le Danemark depuis 1807, la Suède depuis 1810 étaient au nombre de ses alliés. Napoléon était donc le maître de l'Occident. Cette puissance extérieure était plus apparente que réelle. On voit pourquoi; elle ne reposait que sur la force. Et pourtant, dans ces pays éloignés, l'action de Napoléon, c'était encore l'action bienfaisante de la révolution française. Les bizarreries de l'ancien régime disparaissaient devant la savante unité de l'organisation impériale. L'égalité du code civil remplaçait les privilèges féodaux. Des routes ouvertes, la sécurité garantie, l'impôt mieux perçu, le travail encouragé, une administration intelligente et ferme, tout cela donnait à ces provinces arriérées des ressources inattendues, qu'on devait à la France, et qu'on allait tourner contre elle.

A l'intérieur, Napoléon achevait l'œuvre de restauration monarchique, commencée avec le Consulat et confisquait toutes les libertés politiques, civiles et religieuses. En 1807 il avait supprimé le Tribunat comme n'offrant plus, dans l'édifice public, « qu'une pièce inutile, déplacée et discordante » (septembre). Il ne gouvernait plus qu'avec le Sénat, docile à ses volontés, et n'employait le Corps législatif qu'à voter le budget. En décembre 1808, le *Moniteur* disait : « Le premier repré-

« sentant de la nation, c'est l'empereur ; la seconde auto« rité représentative est le Sénat ; la troisième, le Conseil « d'Etat, qui a de véritables attributions législatives ; « le Corps législatif, qui devrait être appelé conseil « législatif, puisqu'il n'a pas la faculté de faire des lois, « a le quatrième rang. »

Dans l'ordre judiciaire, une foule de délits, furent qualifiés d'attentats contre la sûreté publique et déférés à des tribunaux spéciaux, d'où le jury était écarté. On rouvrit *les prisons d'Etat* (huit) ; on rétablit la peine de la *confiscation* ; et contre les conscrits réfractaires, dont le nombre augmentait chaque année, on employa le système des *otages*.

Dans l'ordre civil la création d'une *noblesse impériale* était contraire aux principes d'égalité ; celle des *majorats* contraire au Code, qui avait aboli le droit d'aînesse. Napoléon, en effet, n'avait pas seulement taillé des fiefs dans les pays conquis pour sa famille et ses compagnons d'armes. Les ministres, les sénateurs, les conseillers d'Etats, les présidents du corps législatif, les archevêques, eurent le titre de *comtes*. Les présidents des collèges électoraux, des cours de cassation, des comptes, d'appel, les évêques, les maires des 37 *bonnes villes*, eurent le titre de *barons*. Les membres de la Légion d'honneur celui de *chevaliers*. Ces titres étaient transmissibles, de mâle en mâle, et par ordre de primogéniture à la condition d'instituer des *majorats* dont le chiffre fût déterminé (mars 1808).

Napoléon ne se contentait pas de faire revivre l'ancien régime dans son despotisme politique, dans ses abus judiciaires, dans ses inégalités sociales. Il s'en inspirait encore dans les questions religieuses et il prenait, envers la papauté, l'attitude superbe de Louis XIV.

Il avait fait enlever le pape de Rome en 1809. Il avait même fait venir à Paris les archives du Vatican et le collège des cardinaux. Mais il se trouva dans l'embarras lorsqu'il lui fallut nommer des évêques nouveaux, auxquels le pape, prisonnier à Fontainebleau, refusa l'investiture canonique (1810). Il crut alors intimider Pie VII, en convoquant un concile composé d'évêques français et italiens. Ce concile s'ouvrit à Paris, le 17 juin 1811, sous la présidence du cardinal Fesch, archevêque de Lyon, oncle maternel de l'empereur. Mais il n'aboutit pas, et Napoléon trancha arbitrairement les questions religieuses jusqu'au moment où il fut forcé de rendre la liberté à Pie VII (1813).

Le despotisme impérial s'exerçait encore dans le domaine intellectuel. Les journaux, très-rares d'ailleurs, (il ne pouvait s'en publier qu'un par département) étaient bâillonnés par la censure; et la littérature était soumise à la police où Fouché en 1810, avait été remplacé par le général Savary. Aussi, sous cette protection singulière, la littérature impériale resta-t-elle d'une désolante stérilité. Il fallut pour parler librement, quitter la France, comme firent Mme de Staël, Chateaubriand, Benjamin Constant. Il fallut, pour rester, chanter la *Navigation*, comme Esmenard, le *mérite des femmes*, comme Legouvé, le *génie de l'homme*, comme Chenedollé; c'est-à-dire se condamner à cette littérature descriptive et inoffensive dont Delille donnait alors le modèle. (*L'homme des champs*, *l'Imagination* etc).

Le théâtre, qui agit plus directement sur le public,

fut l'objet d'une censure incroyable dont les excès mêlaient l'odieux au ridicule. La tragédie classique, grâce au goût particulier de Napoléon et l'admirable interprétation de l'acteur Talma, anima la scène française. Mais aucune œuvre originale ne parut auprès d'elle malgré le talent laborieux des Ducis, des Arnault, des Raynouard, des Nep, Lemercier, etc. Seule, la comédie dut à Andrieux et à Picard quelques pièces d'une observation légère et spirituelle.

La Révolution avait donné naissance à l'éloquence politique. Dès l'ouverture de nos grandes assemblées la tribune avait retenti d'accents nouveaux et incomparables. Mirabeau, Sieyès, Barnave, dans la Constituante, Vergniaud, Guadet, Buzot, dans la Législative; Danton, Saint-Just, Robespierre, dans la Convention ; Camille Jordan, Portalis, sous le Directoire ; Chenier, Daunou, Benjamin Constant, sous le Consulat ; avaient, en quelques années, enrichi la France de cette éloquence parlementaire que l'Angleterre connaissait depuis un siècle. Mais sous l'Empire, un seul homme parla en France, comme un seul voulait et agissait, ce fut l'empereur; et la même voix qui commandait dans le silence des assemblées sans liberté emplissait comme un clairon de bataille les bulletins des armées victorieuses.

Les sciences, toutefois, plus généreusement traitées que les lettres, parce qu'elles étaient moins suspectes au pouvoir, jetaient alors un vif éclat avec des mathématiciens tels que Laplace, Lagrange, Borda, Delambre, etc ; avec les physiciens Monge, Berthollet, Biot, Brongniart, Gay-Lussac ; les chimistes Fourcroy, Thénard, Chaptal ; les naturalistes Cuvier, Lacepède, Geoffroy,

Saint-Hilaire ; les médecins Cabanis, Broussais, Larrey, Dupuytren, etc. Dans les beaux-arts, on admirait les peintres David, chef de l'école classique et ses élèves Gros, Gérard, Guérin, etc ; le dessinateur Isabey ; les sculpteurs Chaudet, Lemot, Canova; les architectes Percier et Fontaine ; les musiciens Méhul et Chérubini. Mais il ne faut pas oublie que presque toutes ces gloires dataient de la révolution et cette riche moisson que l'Empire avait la fortune de recueillir avait mûri au grand soleil de la République.

Napoléon, d'ailleurs, essayait de faire oublier son despotisme par ses travaux législatifs, ses réformes administratives, les encouragements qu'il prodiguait au commerce, à l'industrie, aux travaux publics.

L'œuvre législative, inaugurée par le Code civil, fut poursuivie avec ardeur. Le *Code de Commerce*, qui régla les rapports spéciaux des commerçants, comme le Code civil avait réglé les rapports généraux des citoyens, fut promulgué en 1807. Le code *d'Instruction criminelle*, et le *Code Pénal* le furent en 1810.

L'administration des finances était dirigée par l'habile et intègre Gaudin, assisté du ministre du trésor le comte Mollien. On avait créé les *droits réunis* en 1804; on établit en 1807, la *cour des comptes*, et en 1811, *la régie des tabacs*. C'est en 1811 que fut terminée la liquidation des créances arriérées de la Révolution, liquidation qui durait depuis 20 ans, et qui était, après la banqueroute du système de Law, au XVIIIe siècle, l'opération financière la plus vaste qu'on eût encore faite, puisque les créances montaient à près de 3 milliards.

Le budget ne dépassait pas alors 950 millions, somme

modique pour un aussi vaste empire. Mais Napoléon couvrait les frais de la guerre avec les contributions qu'il imposait aux vaincus. Il n'en est pas moins vrai qu'en 1811 les finances commençaient à être gênées, à cause de l'arbitraire que Napoléon apportait dans les dépenses comme dans tout le reste.

Pour obtenir beaucoup de la France, il fallait qu'elle fût riche. Au milieu même de ses guerres, la constante préoccupation de Napoléon fut le développement du travail national. Afin d'en mieux connaître les besoins il créa le *conseil général des manufactures*. L'industrie française encouragée par la loi de 1791, sur les *brevets d'invention*, avait été retardée par la lutte que la Révolution soutint contre toute l'Europe. Elle n'en avait pas moins fait de remarquables progrès qu'on avait pu constater dans les Expositions du Directoire et du Consulat. En même temps que le zèle de l'Empereur, le blocus continental aida lui-même à l'essor de l'industrie indigène. Il fallut suppléer à l'absence des produits fabriqués ou importés par l'Angleterre. C'est ainsi que le sucre de canne fut remplacé par le sucre de betterave, et que de grands progrès s'accomplirent dans l'industrie du tissage. Jacquard inventa le métier à tisser la soie ; Philippe de Girard, la filature mécanique du lin; Richard, qui prit le nom de son associé Lenoir, chercha à répandre dans le midi la culture du coton, et créa de nombreuses filatures ; Ternaux perfectionna la fabrication des châles; Breguet, celle de l'horlogerie. Oberkamp fonda l'industrie des toiles peintes, Lasteyrie la première imprimerie lithographique. Les Expositions continuèrent d'exciter une féconde émulation. Malheureusement Napoléon avait dédaigné l'invention de Fulton qui avait fait sur la Seine, en 1803, des essais de navigation à vapeur. Malheureusement aussi, les guerres de la fin du règne portèrent une profonde atteinte au travail et entraînèrent de lamentables désastres (ruine de Ternaux et de Richard-Lenoir).

Les travaux publics avaient pris une importance considérable. On y consacra 138 millions en 1810, 154 en 1811, et cet argent fut dépensé aussi bien dans les provinces qu'à Paris. A Paris, on éleva la Bourse, l'église de la Madeleine, l'arc de triomphe du Carrousel, on commença l'arc de triomphe de l'Étoile, la réunion du Louvre et des Tuileries. A Lyon, on traça la place Bellecour ; à Milan, on dressa l'arc de la Paix. D'immenses travaux furent exécutés à Cherbourg, à Brest, à Flessingue, à Anvers, dont Napoléon voulait faire « un pistolet chargé au cœur de l'Angleterre ». On ouvrit des routes à travers les Alpes, du Simplon, du Mt Genèvre, la route de la Corniche, de Nice à Gènes. Dix canaux furent continués ou percés, de Saint-Quentin, du Rhône au Rhin, de l'Ourcq, de Nantes à Brest, etc. etc. L'empereur se plaisait à cette activité extraordinaire, qui remuait tout à sa guise, les choses comme les hommes, et qui semblait être un des besoins de sa nature, comme un des secrets de son prestige.

Après avoir tant fait pour le présent, il importait d'assurer l'avenir en formant une génération dévouée aux idées impériales. Le Corps législatif avait adopté en 1806, un projet de loi élaboré par Fourcroy qui créait *l'Université*. L'organisation en fut réglée par les décrets du 17 mars 1808 et du 15 novembre 1811. *L'Université impériale* était la centralisation de l'enseignement, comme la Constitution de l'an VIII avait été la centralisation des pouvoirs politiques, et le Concordat la centralisation de la religion. Le même despotisme avait suscité cette fondation nouvelle dont la pensée remontait à 1802. « L'enseignement public dans tout l'empire, « disait l'article I du règlement impérial, est confié ex- « clusivement à l'Université. » Et l'article suivant déclarait « qu'aucune école, aucun établissement quelconque d'instruction ne pourrait être formé hors de l'Université Impériale sans l'autorisation de son chef [1]. »

Cet enseignement dont l'Etat se réservait si rigoureusement le monopole était distribué dans trois catégories d'établissements : 1° les *facultés* pour l'enseignement dit supérieur, 2° les *lycées* pour l'enseignement secondaire ; 3° les écoles *primaires*.

Mais Napoléon qui aimait les sciences, surtout les sciences appliquées, détestait les penseurs, les philosophes qu'il appelait, avec dédain, des *idéologues*. Aussi l'enseignement supérieur fut-il délaissé. Napoléon, pour ses desseins, n'avait besoin que de l'enseignement secondaire. C'est celui-là qui fut encouragé dans les *lycées impériaux*, dont le nombre s'élevait à 35 en 1809, avec une population de 9.088 élèves. Quant à l'enseignement primaire, il ne s'en occupait guère, on sait pourquoi. Il ne faut donc pas trop s'étonner que le budget de l'enseignement primaire soit représenté, sous

[1] Le chef de l'Université était un *grand maître*. Le premier fut Fontanes. Ce n'est qu'en 1828 que fut créé un *ministère de l'Instruction Publique*.

l'empire, par la modeste somme de 4.250 francs ! C'était propager, à peu de frais, l'admiration des grandes choses impériales.

On lit, en effet, à l'article 38 du titre V : « Toutes les « écoles de l'Université Impériale prendront pour base « de leur enseignement :

« 1° les préceptes de la religion catholique ;

« 2° la fidélité à l'empereur, à la monarchie impériale « dépositaire du bonheur du peuple, et à la dynastie « napoléonienne, conservatrice de l'unité de la France, « et de toutes les idées libérales proclamées par la « Constitution ;

« 3° etc., etc. »

Et pour faire pénétrer plus sûrement ces principes dans les jeunes cerveaux, on les avait consignés dans le *Catéchisme Impérial* où se trouvent ces passages édifiants :

Demande. — Quels sont, en particulier, nos devoirs envers Napoléon 1er, notre empereur ?

Réponse. — Nous lui devons, en particulier, l'amour, le respect, l'obéissance, la fidélité, le service militaire, les tributs ordonnés pour la défense de l'empire et de son trône, des prières ferventes pour son salut et pour la prospérité de l'Etat.

Demande. — Pourquoi sommes-nous tenus de tous ces devoirs envers notre empereur ?

Réponse. — Parce que Dieu, en comblant notre empereur de dons, soit dans la paix, soit dans la guerre, l'a établi notre souverain, et l'a *rendu son image sur la terre. Honorer et servir notre empereur, est donc honorer et servir Dieu lui-même.*

Demande. — N'y a-t-il pas des motifs particuliers qui doivent plus fortement nous attacher à Napoléon 1er, notre empereur ?

Réponse. — Oui, car il est celui que Dieu a suscité pour rétablir la religion sainte de nos pères, et pour en être le protecteur. Il a ramené et conservé l'ordre public par sa sagesse profonde et active. Il défend l'Etat par son bras puissant. Il est devenu *l'oint du Seigneur* par la consécration qu'il a reçue du souverain pontife... Ceux qui manqueraient à leurs devoirs envers notre empereur *se rendraient dignes de la damnation éternelle.*

Voilà donc où aboutissait l'administration impériale, à l'apothéose de l'empereur ! Et tant de réformes intérieures, tant de bouleversements au dehors, tant d'exploits militaires, tant d'éclat jeté sur le nom de la France ; tout cela s'absorbait dans la gloire d'un seul homme, soldat parvenu de la Révolution ! Que cet homme emporté par l'esprit de vertige s'égarât dans la dernière et la plus folle des entreprises, la campagne de Russie, tout un peuple se perdait avec lui.

C'est ainsi que la France n'était montée si haut, en 1811, que pour tomber au dernier degré de l'abaissement et de la ruine.

VIII

CAMPAGNE DE RUSSIE 1812. CAMPAGNE D'ALLEMAGNE 1813. L'EUROPE SOULEVÉE CONTRE L'EMPIRE

Tandis que Napoléon était le maître de l'Occident, l'Orient obéissait à la Russie. Un siècle avait suffi à la Russie pour fonder sa puissance. Après avoir été servie par le génie de Pierre le Grand et de Catherine II, elle l'était encore par l'ambition de Napoléon. Toutefois malgré les avantages qu'elle en avait retirés, la Russie pourrait-elle rester fidèle au traité de 1807? La politique française d'Alexandre était contraire aux idées de sa cour. Le blocus continental le devint aux intérêts mêmes de son peuple. La Russie neuve encore, et sans industrie, souffrit plus que tout autre pays d'Europe d'être fermée aux marchandises anglaises. Aussi dès 1808, Alexandre s'était-il rapproché de l'Angleterre. Il était d'intelligence avec elle lorsqu'il vit Napoléon à Erfurth. De nouvelles promesses le ramenèrent dans notre alliance, mais pour peu de temps.

Des causes particulières d'irritation précipitèrent la rupture. Ce furent d'abord les agrandissements excessifs de Napoléon après ses succès de 1809, son brusque mariage avec Marie-Louise, après ses démarches pour épouser une sœur d'Alexandre ; puis, l'incorporation à l'empire français du territoire d'Oldenbourg, dont le duc était beau-frère d'Alexandre; enfin, et surtout, l'extension donnée au grand duché de Varsovie, qui semblait conduire au rétablissement de la Pologne. Alexandre se plaignit, et à la fin de 1810, il se dispensa de l'application rigoureuse du blocus. (Ukase du 31 décembre.)

Toute l'année 1811 fut remplie par un échange de notes et de récriminations, et aussi, des deux côtés, par des préparatifs militaires. Napoléon en arrivait à se persuader qu'une guerre avec la Russie devait être le dernier effort de sa politique extérieure. Il projetait de reprendre Moscou à la Russie, de la rejeter hors d'Europe, de la rendre à la barbarie asiatique (Entretiens avec M. de Narbonne). C'était insensé. C'était étendre démesurément l'action de la France, des bouches du Tage aux sources de la Volga, et l'exposer dans le Nord, à de cruels revers. En outre, si l'on voulait atteindre l'Angleterre, au lieu d'aller la chercher si loin, que ne l'écrasait-on dans ces lignes de Torres Vedras, qui venaient d'arrêter Masséna ? Ces réflexions étaient celles de la France, rassasiée de gloire, épuisée d'hommes, gênée dans ses finances, et agitée par de sombres pressentiments. Mais les journaux ne pouvaient rien dire, et Napoléon n'aurait rien écouté.

Tout en poursuivant ses armements en France et en Allemagne, il cherchait, au dehors des alliés contre la Russie. Il comptait sur la Turquie et la Suède. Mais la Turquie sacrifiée par lui, à Tilsitt, traita avec la Russie, à Bukharest 1812. La Suède, bien qu'elle fût dirigée par

BIBLIOTHÈQUE

le maréchal Bernadotte, adopté en 1810, comme prince royal et héritier du vieux Charles XIII [1], se sépara de Napoléon qui lui refusait la Poméranie pour se rapprocher de la Russie qui lui promettait la Norwège. Napoléon n'obtint que le concours de la Prusse et de l'Autriche qui fournirent un contingent militaire (traités du 24 février et du 14 mars 1812.)

Parti de Paris, le 9 mai 1812, Napoléon arriva à Dresde, où il trouva une cour de souverains. L'empereur d'Autriche, le roi de Prusse, les princes d'Allemagne, tous ceux qu'il avait ou agrandis ou vaincus, l'accablèrent de leurs flatteries hypocrites. On ne pouvait prévoir l'issue de la lutte qui s'engageait entre les deux grands empires, et les Allemands attendaient prudemment la défaite de la France pour se déclarer contre elle. Après avoir passé par Dantzig et Kœnigsberg, l'empereur atteignit les bords du Niémen où il avait concentré la grande armée. C'était la plus belle qu'il eût encore mise en ligne. Elle comptait près de 600.000 hommes, plus de mille canons, 145.000 chevaux, 6 équipages de pont, avec un matériel de guerre considérable. Sur ces 600.000 hommes, partagés en 8 corps, 370.000 environ étaient Français ; le reste était formé d'étrangers : Polonais, Italiens, Allemands, Hollandais, Croates, etc. C'était bien *l'armée des vingt nations* comme l'appelait le peuple russe.

L'armée russe pré[illegible]tait des forces à peu près égales. Alexandre avait d'abord porté son quartier général à

[1] Bernadotte, né à Pau en 1764, fut roi de Suède, de 1818 à 1844, sous le nom de Charles Jean XIV. C'est sa famille qui est aujourd'hui sur le trône.

Vilna, et il avait songé à prendre l'offensive, en soulevant la Pologne et en poussant l'Allemagne contre la France. Puis, il résolut de se tenir sur la défensive, de reculer devant les Français en les attirant au cœur de l'empire, et de faire de la Russie une *Espagne du Nord* où le climat viendrait en aide à la résistance nationale et religieuse. Nationale et religieuse, telle fut en effet la guerre pour les Russes, comme pour les Espagnols. Des prédications fanatiques les appelèrent « à défendre l'indépendance de la patrie et la sûreté de l'Eglise contre le Moloch qui voulait détruire toute la terre. » Comme les Espagnols, les paysans russes furent conduits au combat par leurs prêtres, rangés, non pas autour du crucifix comme les Espagnols, mais autour de la vierge de Vladimir. Comme en Espagne, ils ajoutèrent les coups de mains des bandes de partisans aux opérations des armées régulières, et les steppes de la Moscovie recelèrent autant d'embuscades que les Sierras des Castilles. C'est ainsi que pour la seconde — et la dernière fois — en Russie comme en Espagne, la France qui avait proclamé les droits sacrés des peuples à l'indépendance, la France conduite par Napoléon, provoquait les résistances nationales. Quelle différence entre ces guerres de conquête de l'Empire, et les guerres d'affranchissement de la Révolution ! La leçon ne se fit pas attendre. Elle fut prompte et terrible.

Le 24 juin 1812, 450.000 hommes franchirent le Niémen, le reste formant des réserves. L'armée arriva le 28 à Vilna, où elle s'attarda dix-sept jours[1], pour réparer le

[1] Cet arrêt eut une si funeste influence sur l'issue de la cam-

désordre jeté dans ses rangs par les premières étapes. Elle occupa Witepsk le 28 juillet ; puis, laissant la vallée de la Duna pour celle du Dniéper, battit les Russes à Smolensk (17-18 août), sans pouvoir les couper de Moscou, suivant le plan de Napoléon, s'ouvrit la route de Moscou par l'effroyable bataille de Borodino ou de la Moskowa (7 septembre) et entra dans la ville sainte, le 14 septembre 1812.

Maître de Moscou que les Russes incendièrent le lendemain, Napoléon y resta 35 jours. Du milieu des ruines, il gouvernait la France et l'Allemagne. Il s'apprêtait même à gouverner sa nouvelle conquête. Il voulait faire des réformes en Russie comme en Espagne ; abolir le servage comme il avait supprimé l'Inquisition, etc. Mais il attendit vainement la soumission d'Alexandre. Les Anglais et les Allemands qui entouraient le tsar lui conseillaient de tenir jusqu'à l'hiver. C'est alors que le général *Morosof* (l'hiver), ferait plus encore que n'avaient fait Barclay de Tolly, Bagration et le vieux Kutusoff.

Napoléon, occupé par de trompeuses négociations, vit enfin le piège, et donna le signal de la retraite. Il était déjà trop tard. C'est le 19 octobre que l'armée quitta Moscou. Elle comprenait 90.000 hommes et 600 canons. Mais elle était embarrassée de 50.000 non-combattants, malades, femmes, paysans ruinés, etc., et de 2.000 voitures chargées de vivres et de butin. On prit d'abord, au sud de Moscou, la route de Kalouga qu'on trouva fermée, dès le 26, par l'armée de Kutusof. Il

pagne qu'on l'a regardé comme la plus grande faute militaire de Napoléon.

Passage de la Bérézina.

fallut alors remonter vers le Nord, et reprendre, à Borodino, la route suivie par la marche en avant, route dévastée, semée de villages incendiés, où les chevaux et les hommes se traînaient péniblement, avec 25.000 Cosaques sur les talons. Enfin on atteignit Smolensk, le 13 novembre. Napoléon y avait laissé des approvisionnements qui furent dévorés en un jour. On repartit le 14. Ce qui restait de l'armée, 50.000 hommes valides, fut partagé en quatre corps, commandés par Napoléon, Eugène de Beauharnais, Davout, Ney, qui se suivirent, à une journée de distance. Mais alors le froid tomba à 18 degrés, la route disparut sous la neige, les vivres manquèrent. Les hommes se serraient les uns contre les autres, se fourraient sous le ventre des chevaux, s'entassaient aux feux des bivouacs, et toujours des nuées de Cosaques, tournoyant dans la plaine sans fin, avec des cris sauvages, comme des corbeaux ! La retraite se fit avec un reste d'ordre jusqu'au passage de la Bérésina (25-29 novembre), où elle devint une lamentable déroute :

« Hier, la grande armée, et maintenant troupeau. »

Napoléon, laissant le commandement à Murat, quitta l'armée le 5 décembre, après avoir rédigé le 29e Bulletin, qui révélait à la France l'étendue du désastre, et qui, pour consoler tant de familles en deuil, se terminait par cette simple phrase : « La santé de Sa Majesté n'a jamais été meilleure. » — C'est seulement le 13 décembre que l'arrière-garde repassa le Niémen, sous les ordres de Ney, dont l'héroïsme jeta sur ces sombres journées un rayon de gloire immortelle. Des 450.000 hommes qui étaient entrés en Russie, 300.000 y restaient, morts ou prisonniers. La deuxième grande armée, celle de Wagram, venait de fondre en Russie; comme la première, celle d'Austerlitz et d'Iéna, avait fondu en Espagne. Et comme si ce n'était pas assez, le jour de la revanche se levait enfin pour l'Allemagne.

On a vu quels sentiments nouveaux l'occupation française avait fait naître en Allemagne, surtout après 1807. Pour la première fois, du sein de l'oppression étrangère était sortie l'idée de la *patrie allemande*, et, avec elle, l'idée du relèvement par le patriotisme. Il semble que le mouvement national ait commencé, dès 1809, par a lutte de l'Autriche. L'archiduc Charles, dans son ordre du jour, du 6 avril, rappelait aux soldats « que la liberté de l'Europe s'était réfugiée sous leurs drapeaux », et, en s'adressant « à la nation allemande » il s'écriait : « Nous combattons pour rendre à l'Allemagne l'indépendance et l'honneur national. »

Mais Wagram coupa court à ces aspirations. Aussi bien l'Autriche, peu populaire en Allemagne, à cause du pouvoir impérial qu'elle y avait exercé si longtemps, rapprochée d'ailleurs de Napoléon par une alliance matrimoniale, et enfin pas complètement allemande puisqu'elle est faite en partie de pays slaves et hongrois, l'Autriche paraissait moins propre que la Prusse à diriger les revendications germaniques. Non seulement la Prusse était plus véritablement allemande, mais encore, elle avait souffert plus que tout autre pays de l'Allemagne, et surtout tout ce qu'elle avait fait depuis sa défaite avait tourné vers Berlin les sympathies et les espérances de l'Allemagne. Tous les hommes d'in-

1812.

telligence et d'action qui ont alors contribué à la régénération de l'Allemagne, comme le saxon Fichte, le Holsteinois Niebuhr, le Hanovrien Scharnhorst, le Saxon Gneisenau, tous, avec les Prussiens Stein, Gentz, Humboldt, n'ont attendu que de la Prusse le salut de l'Allemagne. On peut dire que la Prusse préludait, par cette suprématie morale, à l'unité militaire et politique qu'elle devait conquérir plus tard[1].

Bien plus qu'après Essling, le moment parut venu après l'immense échec de 1812. Aussi, tous les patriotes se réunirent-ils autour de Stein, à Kœnisberg, dès janvier 1813. De là, l'enthousiasme gagna la Silésie, la Poméranie, le Brandebourg et Berlin. C'est à Berlin, au printemps, que le poète Arndt lança sa célèbre chanson : Was ist des Deustschen Vaterland ? « qu'est-ce que la « patrie allemande ? La patrie allemande est-ce la Souabe ?... Est-ce la Bavière ? etc. — La patrie allemande c'est partout où résonne la langue allemande (so weit die deustche sprache klingt). » Les Universités suspendirent leurs cours, les étudiants coururent aux armes, les volontaires affluèrent. « Qui voudra rester en « repos, je ne le reconnaîtrai pas pour allemand. Qui n'est pas pour la liberté est contre elle.. Voyez les Prussiens. Toute la nation se lève en masse, le fils du paysan marche à côté du prince. Saxons, Allemands, nos arbres généalogiques finissent avec l'année 1812. La délivrance

[1] On nous pardonnera d'insister sur cette histoire des idées, bien moins connue, même aujourd'hui, que celle des faits politiques et militaires. Elle nous paraît d'autant plus utile qu'elle explique, chez nos voisins, bien des événements, et qu'elle peut susciter chez nous des encouragements et des xemples.

de l'Allemagne fera seule renaître des races nobles. »

(Proclamations du général Wittgenstein, du 23 et du 30 mars.)

L'exaltation patriotique de la France de 1792 soulevait à son tour l'Allemagne de 1813 contre la France. Mais elle ne se fit pas au profit de la liberté comme le disaient les princes, et elle aboutit après la délivrance de l'Allemagne à de cruelles déceptions.

Devant cet entraînement général, les défections se succédèrent. La Prusse en donna le signal. Dès le 30 décembre 1812, le contingent prussien de la grande armée passa dans les rangs de l'armée russe. Le 28 février 1813 la Prusse, par la convention de Kalisch, s'unit à la Russie qui venait de s'allier avec l'Angleterre. La Suède adhéra à ces traités, et ainsi fut formée la *sixième coalition*. De son côté le contingent autrichien nous abandonna pour rentrer dans la Gallicie, et l'Autriche adopta ce qu'elle appelait la *neutralité armée*. L'armée française, dégarnie sur ses deux ailes par cette double défection, et qui avait déjà reculé du Niémen sur la Vistule, recula encore de la Vistule sur l'Oder. Murat, à l'exemple de Napoléon, la quitta le 14 janvier, pour retourner à Naples. Eugène qui le remplaça, conduisit habilement la retraite de l'Oder sur l'Elbe où il s'arrêta, faisant face à l'ennemi et attendant par la vallée de la Saale les secours de Napoléon. (mars 1813).

Napoléon était rentré à Paris le 18 décembre 1812, L'audacieux coup de main du général Malet n'avait pas été étranger à ce brusque retour[1]. L'opinion publique,

[1] Malet, ancien général républicain, secondé par deux autres généraux Lahorie et Guidal, et à l'aide d'un faux sénatus-

en proie à l'émotion que venait de produire le 29e Bulletin, n'en fut pas moins sévère pour ce qu'on regarda comme une désertion. De même qu'en 1799, après avoir exposé et compromis son armée, Napoléon l'abandonnait.

Pour dissiper le mauvais effet de ses revers, il en rejeta la cause sur la philosophie! Dans une réception des grands Corps de l'Etat, le 20 décembre, il s'emporta contre « l'idéologie, cette ténébreuse métaphysique à laquelle il fallait attribuer les malheurs de la France. » Puis, malgré l'épuisement de la France, malgré l'altération des finances, il se prépara à lutter contre la 6e coalition. Trois sénatus-consultes lui permirent de recruter une nouvelle armée. Aux 140.000 conscrits de la classe de 1813, il ajouta ceux de la classe de 1814, levée par anticipation, et 100.000 hommes qu'il reprit sur les classes de 1809 à 1812. Avec les gardes nationaux, cela devait faire 500.000 hommes dont 340.000 furent prêts en février 1813. Il put encore se procurer de l'artillerie; mais la cavalerie manqua. On en ressentit les suites dans la campagne qui s'ouvrit en avril.

Laissant la régence à Marie-Louise, sous la direction de Cambacérès, Napoléon partit pour la campagne d'Allemagne, le 15 avril. Dès la fin du mois il rejoignit Eugène dans la vallée de la Saale, gagna avec ses conscrits la bataille de *Lutzen* (2 mai 1813) et rejeta les alliés (Prussiens et Russes) de la vallée de l'Elbe dans celle de la

consulte qui annonçait la mort de Napoléon, en Russie, avait failli renverser le gouvernement (22-23 octobre 1812). Le coup manqua. Malet arrêté, fut fusillé avec Laborie, Guidal, et onze autres officiers dans la plaine de Grenelle (29 oct.).

Sprée, où il les battit encore aux deux journées de *Bautzen* et de *Wurschen* (20-21 mai.)

Les alliés étaient découragés. La Prusse n'était pas seulement humiliée de sa défaite. Son territoire était affreusement ravagé par les opérations de l'armée russe, comme il allait l'être, très-certainement par celles de l'armée française. La Russie n'était pas éloignée de signer un armistice. L'Autriche s'entremit alors entre les belligérants, et leur fit signer l'armistice de Pleiswitz (5 juin) qui devait durer jusqu'au 20 juillet. On a dit que cet armistice était une grande faute. C'était une faute parce que Napoléon se proposait de continuer la guerre, et qu'il donnait aux ennemis le temps de réparer leurs forces. Ce n'en était pas une, s'il avait voulu la paix. Or, l'occasion se présenta de la faire, et à d'exellentes conditions, et Napoléon n'en voulut point.

L'Autriche, alors dirigée par le célèbre M. de Metternich, avait entrepris de rétablir la paix, en arrêtant Napoléon. Par vanité, car elle était flattée de ce haut arbitrage de l'Europe qui la relevait de tant de défaites; par jalousie, car elle n'aimait pas la Prusse; par intérêt, car Napoléon était trop près d'elle, si la guerre recommençait. La Prusse et la Russie acceptèrent, sans réserve, la *médiation armée* de l'autriche. Mais M. de Metternich essaya en vain de persuader Napoléon. Il eut avec lui, à Dresde, une entrevue où Napoléon laissa éclater sa passion insensée pour la guerre et son mépris féroce de la vie humaine. « Croyez-vous, s'écria-t-il, qu'un homme comme moi se soucie de la vie d'un million d'hommes? » « Ouvrez les portes et les fenêtres, dit alors M. de Metternich, afin que l'Europe entière vous entende ». Et en sortant, il dit au maréchal Berthier, « votre maître a perdu la raison. »[1] (26 juin).

Napoléon, cependant, consentit le 1er juillet à l'ouverture d'un congrès qui devait se tenir à Prague du 10 juillet au 10 août. Mais il différa d'y envoyer ses négociateurs MM. de Narbonne et Caulaincourt. Il était évident qu'il ne voulait pas traiter. Que lui demandait-on ? De renoncer au grand duché de Varsovie, au protectorat de la confédération du Rhin, aux villes hanséatiques. (Hambourg, Brème et Lubeck), aux provinces illyriennes. Il aurait conservé la Hollande, la Belgique, la rive gauche du Rhin (qui ne faisait pas question), et toute l'Italie. MM. de Narbonne, Caulaincourt, Duroc, tout le monde autour de Napoléon, souhaitait la paix. Le 6 août, il présenta à l'Autriche une contre-proposition inacceptable. L'Autriche répliqua qu'il fallait que tout fût décidé pour le 10. Napoléon laissa passer ce délai sans réponse. Le 11, l'Autriche entra dans la coalition, et la guerre recommença. Nous avions contre nous les trois puissances continentales, et, au dehors, l'Angleterre, qui payait tous nos ennemis.

Les alliés qui disposaient de 500.000 hommes et d'une réserve de 300.000, avaient formé trois armées. La première, dite *armée du nord*, composée de Suédois, de Russes, et d'Anglais, sous le commandement de Bernadotte; la seconde, *armée de Silésie* (Prussiens et Russes), sous le commandement de Blücher ; la troisième, armée autrichienne

[1] Voir les *mémoires* de M. de Metternich, publiés par son fils de 1879 à 1882 ; 5 volumes, chez Plon, à Paris. Le premier volume est consacré à l'Empire.

de *Bohême* sous le feld-maréchal Schwartzenberg. Napoléon qui ne pouvait leur opposer que 380.000 hommes, prit hardiment l'offensive, et fut vainqueur à Dresde, (26-27 août) de l'armée autrichienne qu'il rejeta sur la Bohême. Mais les défaites de ses lieutenants, trop éloignés les uns des autres, pour se porter secours, d'Oudinot à Gros-Beeren 23 août, et de son successeur Ney, à Dennewitz 5 sept. ; de Macdonald sur la Katzbach, 26 août ; et de Vandamme en Bohême, à Culm (30 août) ; ces défaites le forcèrent de se replier de l'Elbe sur la Saale, et de se concentrer à Leipzig. Il y fut rejoint par les armées alliées qui se réunirent pour lui livrer la *batailles des nations*, la plus terrible des temps modernes. Elle dura 3 jours, les 16, 17 et 18 octobre. Le 18, les Saxons et les Wurtembergeois trahirent sur le champ de bataille, où étaient tombés 120.000 hommes dont 60.000 français.

Il fallut reculer sur le Rhin par la vallée du Mein. Les Bavarois qui trahirent à leur tour, essayèrent de nous arrêter, à Hanau, le 30 octobre. Ils furent écrasés, et l'armée française repassa le Rhin, à Mayence, le 2 novembre. Plusieurs places, Dresde, Stettin, Dantzig, Magdebourg, Hambourg, étaient encore occupées par nos troupes, quifirent une énergique résistance. Mais l'Allemagne n'en était pas moins délivrée de l'invasion, qui allait commencer pour la France.

IX

L'INVASION. LA CAMPAGNE DE FRANCE. LA PREMIÈRE RESTAURATION

Quelques jours après son retour d'Allemagne, Napoléon dit au Sénat : « Toute l'Europe marchait avec nous il y a un an ; toute l'Europe marche aujourd'hui contre nous. » (14 novembre 1813). C'était bien définir la situation de la France. Mais à qui la devions-nous ?

Les alliés toutefois, avant de pénétrer en France, hésitèrent. Les souvenirs de 92 se dressaient devant eux. Oseraient-ils, pour la seconde fois, menacer le foyer de la révolution, sans provoquer une nouvelle et terrible catastrophe ? Ils ignoraient encore à quel point Napoléon avait détourné et affaibli l'énergie de la révolution. Le résultat de ces premières défiances fut la *notification de Francfort* du 9 novembre. « Les souverains, (c'était « leur langage) étaient unanimement d'accord sur la puis« sance et la prépondérance que la France devait con« server dans son intégrité, en se renfermant dans ses limites naturelles qui étaient le Rhin, les Alpes et les Pyrénées. »

Ainsi, Napoléon eut deux occasions de traiter avec

honneur : à Prague, avant la défection de l'Autriche ; à Francfort avant l'invasion de la France. A Prague, il aurait conservé une partie de l'Europe ; à Francfort toute la France, avec ses limites naturelles. A Prague, il avait laissé passer le délai sans répondre. A Francfort il répondit sans accepter les bases générales de la note. Il perdit du temps, et les alliés perdirent de leur modération. Quand il se montra disposé à traiter, le 2 décembre, la coalition réclama le retour aux limites de 1792, et les hostilités continuèrent.

L'invasion commença le 1er janvier 1814. L'armée de Silésie, sous Blücher, franchit le Rhin entre Manheim et Mayence, et s'avança par la vallée de la Sarre et de la Moselle. L'armée de Bohême sous Schwartzenberg, avec les empereurs de Russie et d'Autriche et le roi de Prusse franchit le Rhin à Bâle, en violant la neutralité de la Suisse et s'avança vers le plateau de Langres. Toutes les deux devaient descendre sur Paris, l'une par la Marne, l'autre par la Seine. En même temps au nord, Bernadotte se portait de la Hollande sur la Belgique ; au sud Wellington se préparait à traverser les Pyrénées. Cinq cent mille hommes menaçaient la France.

Pour résister à l'invasion, Napoléon ne pouvait pas compter sur les places fortes. « Il avait tant songé à la « conquête, et si peu à la défense, que le sol de l'Empire « se trouvait presque entièrement découvert » (Thiers). Il ne pouvait compter que sur l'armée. Or, les hommes manquaient. C'est en vain que le Sénat lui permit de lever 300.000 hommes sur toutes les classes antérieures jusqu'à 1803. Le nombre des réfractaires fut considérable. Et comme il s'obstina à ne pas rappeler les troupes qui combattaient encore en Italie et en Espagne, il ne put guère opposer que 80.000 hommes aux deux principales armées de la coalition.

Qu'aurait-il fallu faire? s'adresser à la nation elle-même. Mais Napoléon paraissait moins que jamais disposé à s'inquiéter d'elle.

Il avait convoqué le Corps législatif, le 19 décembre 1813. Le Corps législatif, dans un rapport rédigé par une commission, avait osé, pour la première fois, critiquer l'excès du despotisme impérial, et avait souhaité, non pas la paix comme on l'a dit, mais la restitution à la nation de ses droits politiques. C'était réclamer la liberté bien tard. Mais n'était-ce pas elle, suivant le rapport, qui pouvait exciter l'énergie nécessaire à la défense nationale? (29 décembre.)

L'irritation de Napoléon fut extrême. Il interdit la publication du rapport, prorogea le Corps législatif (31 décembre), et dans la réception du 1er janvier 1814, injuria violemment les députés et les membres de la commission.

Après avoir confié la régence à Marie-Louise, et laissé le commandement de Paris à Joseph, Napoléon partit le 25 janvier pour la *campagne de France*. Il arriva le 27 à Châlons, où il avait établi son quartier-général, et où il fut rejoint par Ney, Victor et Marmont. Laissant Macdonald, à Châlons, pour garder la Marne, et Mortier à Troyes pour garder la Seine, il avait résolu d'opérer entre les deux rivières et d'empêcher la jonction des deux armées de Silésie et de Bohême. Dans les fatigues de l'âge, et sur le territoire même de la patrie, il allait renouveler les merveilles d'audace et de rapidité qu avaient marqué, en Italie, ses années de jeunesse et d'espérance ; lutter contre les armées de l'Europe comme il avait fait contre les armées successives de l'Autriche, et se consumer en efforts qui ne furent jamais plus admirables ni plus inutiles.

Un premier avantage à Saint-Dizier (27 janvier) et une victoire sur Blücher, à Brienne, le 29, n'empêchèrent pas la jonction, à Bar-sur Aube (31 janvier) des deux armées ennemies, qui attaquèrent Napoléon à la Rothière, (1er février.) Malgré des prodiges de valeur, nos soldats, qui n'étaient que 32.000 contre plus de 100.000 furent forcés de battre en retraite sur Troyes et Nogent sur-Seine. Le 7 février, le congrès qui, d'après la note de Francfort avait dû se réunir à Manheim, s'ouvrit à Châtillon-sur-Seine. Les alliés n'offraient plus que les limites de 1790. Napoléon s'indigna, et écrivit à son représentant Caulaincourt : « J'ai reçu les propositions « qui vous ont été remises. Il n'y a pas un Français « dont elles ne fassent bouillir le sang d'indignation... « Je suis si ému de cette infâme proposition que je me « crois déshonoré rien que de m'être mis dans le cas « qu'on me l'ait faite. » Il ne pouvait se juger lui-même plus sévèrement. Toutefois la situation paraissait alors si difficile qu'il envoya à Caulaincourt *carte blanche*. Les négociations se prolongèrent jusqu'au 19 mars sans arrêter les hostilités, et, d'ailleurs sans aboutir. Napoléon retirait après chaque victoire les concessions qu'il avait faites après chaque revers.

Au lieu de se porter en masse sur Paris après leur jonction à Bar-sur-Aube, les deux armées se séparèrent, les Prussiens pour redescendre la Marne, et les Autrichiens la Seine. Napoléon, laissant une partie de ses troupes sur la Seine, court à Blücher qui était parvenu jusqu'à Meaux, le bat en 5 jours à Champaubert le 10 février, à Montmirail le 11, à Château-Thierry le 12, à Vauchamps le 14 ; et le rejette en désordre sur Châlons. Puis, il se tourne contre Schwartzenberg qui avait poussé jusqu'à Melun. Les combats de Guignes et de Nangis (16-17 février) font reculer les Autrichiens jusqu'à Montereau. La victoire de Montereau qui aurait pu les empêcher de repasser la Seine, mais qui ne fut pas décisive par la faute de Victor (18 février), le rejeta sur Troyes et Chaumont.

Les ennemis crurent devoir resserrer leur alliance à Chaumont, le 1er mars. L'Angleterre, l'Autriche, la Russie et la Prusse s'engageaient à entretenir chacune 150.000 hommes jusqu'à la fin de la guerre, et l'Angleterre fournissait un subside annuel de 150 millions. En attendant ils ne laissaient pas d'être dans l'embarras. Les paysans des Vosges et du Jura se soulevaient derrière eux, enlevaient les convois, menaçaient de couper leurs communications avec le Rhin. Le patriotisme des populations éclatait en mille traits de courage et de dévouement. Napoléon s'obstina à ne pas employer cette ardeur. Veut-on savoir pourquoi ? Sur le champ de bataille d'Arcis-sur Aube, quelques jours plus tard (20 mars) le général Sébastiani lui disait : « Comment votre majesté ne songe-t-elle pas à soulever la nation ? » — « Chimères ! répondit Napoléon. Chimères empruntées au souvenir de l'Espagne et de la révolution française ! soulever la nation dans un pays où la Révolution a détruit les nobles et les prêtres, et *où j'ai, moi-même, détruit la Révolution !* »

(Thiers. XVII) Napoléon se trompait. Malgré lui, la Révolution vivait toujours et elle vivra.

Blücher avait repris l'offensive sur la Marne, et s'était avancé de Châlons jusqu'à la Ferté-sous-Jouarre, en refoulant devant lui Mortier et Marmont. Napoléon se porte contre Blücher, le force de reculer de la Marne sur l'Aisne, et le pousse sur Soissons où il espère l'écraser. Malheureusement Soissons venait de tomber au pouvoir des Russes de l'armée du nord. Blücher passe l'Aisne, à Soissons, et échappe à Napoléon qui le rejoint et le bat à Craonne, le 7 mars, mais ne peut le déloger du plateau de Laon, après deux jours d'une lutte acharnée, les 8 et 9 mars. Napoléon ne réussit qu'à écraser une division russe, à Reims, le 14, sans pouvoir empêcher la jonction de Blücher et de Schwartzenberg à Châlons, après la sanglante bataille d'Arcis-sur-Aube, (20 mars.)

Partout la fortune se déclarait contre lui. Dans l'Est Augereau, chargé de garder Lyon, y laissait entrer les Autrichiens, (9 mars.) Dans le sud, Soult, forcé d'évacuer l'Espagne, était battu à Orthez le 17 février et rejeté sur Toulouse. Les Anglais entraient à Bordeaux, le 12 mars, où il proclamaient Louis XVIII.

Napoléon cependant tenait toujours la campagne. Resté derrière les alliés qui descendaient sur Paris par la vallée de la Marne où Mortier et Marmont disputaient le terrain pied à pied, il venait de concevoir un nouveau plan. Il voulait se retirer dans l'Est, soulever les campagnes, rallier les garnisons du Rhin, et revenir sous les murs de Paris pour y cerner les alliés. Mais il aurait fallu que Paris résistât. Or, Paris, laissé sans défense, fut abandonné par le gouvernement.

Le 29 mars, au matin, l'impératrice et le roi de Rome quittèrent Paris menacé pour se retirer à Blois. Napoléon, disait-on, l'avait voulu. C'était une faute. L'empereur d'Autriche, en entrant dans Paris, aurait défendu les droits de son petit-fils, et Napoléon II, peut-être, eût régné. Napoléon Ier, condamné par l'Europe, Napoléon II, parti de lui-même, la place restait libre pour les Bourbons.

Paris était livré à la stupéfaction et au désordre. Le gouvernement avait laissé la ville dans une si trompeuse sécurité que, même après deux mois de lutte en Champagne, on s'étonnait de voir les ennemis si près. Quelle dernière et triste page de cette histoire extraordinaire ! On avait fait la guerre à toute l'Europe, on était entré dans toutes les capitales, et maintenant, c'était le canon ennemi qui tonnait aux portes ! On s'était confié à un homme ; et maintenant, où était cet homme ? absent. Prisonnier ? mort ? nul ne le savait. Comme on comprenait alors, mais trop tard, à quels terribles dangers s'expose une nation, quand elle fait reposer sa destinée sur une seule tête !

Mais on pouvait se défendre, du moins. Il y avait, dans les arsenaux 20.000 fusils, 80 canons, 5 millions de cartouches, 250 milliers de poudre. Malheureusement, il y avait aussi un ministre de la guerre qui s'appelait Clarke. Les ouvriers demandèrent des armes, Clarke leur en refusa. Nos soldats manquaient de munitions, Clarke ne leur en donna pas. Les débris des troupes de Marmont et de Mortier, des vétérans, des gendarmes, des invalides, les élèves de l'école Polytechnique, en tout 22.000 hommes, et 6.000 gardes nationaux mal armés; 4 canons sur les buttes Chaumont, et 7 sur les buttes Montmartre; voilà avec quelles forces Paris entreprit de lutter contre 180,000 ennemis. Pourquoi? Parce que l'esprit de la révolution survivait à l'évanouissement de l'Empire.

Le 30 mars, les alliés attaquèrent sur un vaste demi-cercle qui s'étendait de Charenton à Clichy. Des luttes héroïques furent soutenues par les élèves de l'école d'Alfort à Charenton; par Marmont sur le plateau de Romainville; par Mortier, à la Villette; par les élèves de l'école polytechnique aux buttes Chaumont; par Moncey, et les gardes nationaux, à la barrière de Clichy. Il fallut pourtant céder au nombre, et épargner à Paris les horreurs d'un bombardement. A cinq heures du soir chez un marchand de vins de la Villette, Marmont signa une capitulation qui permettait aux troupes de se retirer librement. Il n'avait pas traité pour la ville. C'est le préfet de la Seine et le préfet de police, avec des membres du conseil municipal, qui allèrent au château de Bondy, implorer la générosité d'Alexandre.

Le 31 mars, les alliés entrèrent dans Paris, par le faubourg Saint-Martin. Ils déclarèrent « qu'ils ne traiteraient plus avec Napoléon Bonaparte ni avec aucun « membre de sa famille, et qu'ils reconnaîtraient « la Constitution que se donnerait la nation française. » Le 1er avril le Sénat, réuni par Talleyrand, constitua un gouvernement provisoire de 5 membres. Le 3, il proclama « Napoléon Bonaparte déchu du trône, « et le droit d'hérédité aboli dans sa famille; le peuple « français et l'armée déliés de leur serment de fidélité. » Le 6, il appela « librement » au trône de France « Louis

Moncey et les gardes nationaux à la barrière Clichy.

« Stanislas Xavier de France, frère du dernier roi, et « après lui les autres membres de la maison de Bour- « bon. » Tel fut le vote de ce Sénat impérial qui n'avait pas eu assez de flatteries pour Napoléon.

Napoléon qui était revenu de Saint-Dizier, sur les pas des alliés, et qui se trouvait à Fontainebleau au moment de la chute de Paris, ne désespérait pas de relever sa fortune. Il voulait marcher sur Paris, et livrer bataille. Mais les maréchaux étaient las de tant d'aventures. Ils le forcèrent d'abdiquer en faveur de son fils (4 avril). Alexandre, malgré la déclaration des alliés, aurait peut-être consenti à reconnaitre le roi de Rome, quand on apprit que le corps de Marmont, à Essonne, venait de passer dans les rangs de l'armée russe (5 avril). Les alliés réclamèrent une abdication pure et simple et Napoléon, se sentant sans ressources, s'y résigna (6 avril.) C'était le jour même où l'on proclamait la restauration des Bourbons. Alors Napoléon se vit abandonner de tout le monde. Ministres, généraux, serviteurs, tous disparurent. Après Marmont, Ney ; après Ney, Berthier lui-même. Il ne resta plus que Macdonald et Caulaincourt, Caulaincourt dont les sages conseils auraient épargné bien des fautes ; enfin son secrétaire Maret et le général Bertrand, fidèles jusqu'au bout.

Le 11 avril, il signa avec les alliés le traité de Fontainebleau, qui lui accordait la souveraineté de l'île d'Elbe, un revenu de 2 millions, une garde de 400 hommes. Mais il n'avait pas le caractère à la hauteur de la fortune, et la vie n'avait plus de prix, à ses yeux, sans la toute-puissance. Superstitieux d'ailleurs, en vrai fils de l'Italie, il n'avait jamais cru qu'au destin, comme à une étoile qui éclairait sa carrière. « *L'étoile pâlissait* », dit-il plus tard. Il essaya de s'empoisonner, sans succès Il devait vivre encore pour le malheur de la France. Le 20 avril, dans la cour du château de Fontainebleau, il fit ses adieux à la garde, et partit pour l'île d'Elbe, avec les commissaires des alliés. Dans la vallée du Rhône, il fut accueilli par des cris de mort, réduit à se déguiser en colonel autrichien et protégé à grand peine par ses ennemis contre ses sujets. Ce triste voyage se termina au golfe de Fréjus, d'où une frégate anglaise le transporta à l'île d'Elbe (4 mai).

Tombé de si haut dans une île de six lieues de long, Napoléon prit au sérieux sa petite souveraineté. A la fois pour se distraire et pour assouvir cet impérieux besoin d'organiser qui obséda toute sa vie, il parcourut l'île, en fortifia les côtes, y ranima l'industrie et le commerce, et tendit l'oreille à tous les bruits qui lui venaient de France par l'intermédiaire de Maret. Il ne tarda pas à savoir qu'on était mécontent des Bourbons. Il apprit en outre qu'on parlait, à Vienne, de le déporter dans une île lointaine. Il résolut de tout oser, et prépara secrètement son retour.

Le 6 avril 1814, le Sénat avait appelé au trône le comte de Provence, qui prit le nom de Louis XVIII. Il se trouvait alors en Angleterre. Son frère le comte d'Artois entra à Paris, le 12 avril, et fut nommé, le 14, lieutenant général du royaume. Pour faire cesser les ravages de l'occupation étrangère, il conclut, avec les alliés, la désastreuse Convention du 23 avril, et administra les affaires, avec le gouvernement provisoire, jusqu'à l'arrivée du roi.

Louis XVIII, qui avait quitté, le 20 avril, sa résidence d'Hartwell, aux environs de Londres, fut reçu à Londres avec des transports de joie, traversa la Manche sous la protection d'une escadre anglaise, descendit à Calais, le 24, s'arrêta à Compiègne le 29, pour y recevoir les maréchaux et les députations du Sénat et du Corps législatif, signa le 2 mai, à Saint-Ouen, la déclaration qui devait servir de base à la charte, entra le 3 dans Paris, et promulgua le 4 juin, la *Charte constitutionnelle*.

La Charte promettait la liberté et la paix. Elle consacrait une partie des principes de 89, les droits civils et politiques, l'égalité sociale, la liberté des cultes, etc. Mais le nouveau gouvernement ne réussit point à s'établir solidement.

La Restauration avait contre elle la tache originelle de sa naissance. Elle avait eu le malheur de s'accomplir en présence des ennemis, et avec leur concours. A cette fatalité, qui pèsera toujours sur elle, s'ajouta, en 1814, la maladresse de ses premiers actes. La famille des Bourbons qui venait de passer dix-neuf ans dans l'exil n'y avait, comme on l'a dit, rien oublié ni rien appris. Elle méconnut la situation nouvelle créée par la Révolution, et respectée même de l'empire. Elle n'accorda pas les garanties promises par la charte, inquiéta la liberté de conscience, menaça les propriétaires des biens nationaux, outragea les souvenirs de la Révolution, et mécontenta surtout l'armée, en substituant le drapeau blanc au drapeau tricolore, en renvoyant 14,000 officiers pour donner leur place à des déserteurs, anciens officiers de Condé, qui avaient servi contre leur patrie. « Si vous voulez paraître à la cour avec distinc-

« tion, écrivait Carnot, gardez-vous bien de dire que vous « êtes un de ces vingt-cinq millions de citoyens qui ont « défendu leur patrie contre l'invasion des ennemis, « car on vous répondra que ces vingt-cinq millions de « prétendus citoyens furent vingt-cinq millions de ré- « voltés ; que ces prétendus ennemis furent toujours « des amis. Dites que vous avez eu le bonheur d'être « chouan ou Vendéen, ou transfuge, ou Cosaque ou an- « glais. »

En moins d'un an, la Restauration était profondément détestée de la bourgeoisie, de l'armée et du peuple. Une révolution était inévitable. Mais elle n'avait pas pour but, elle ne pouvait avoir pour résultat le rétablissement de l'empire.

Napoléon ne songea pas à la France, mais à lui seul. Il jugea l'état des esprits favorable en 1815, comme avant brumaire. Il quitta brusquement l'île d'Elbe, comme il avait alors quitté l'Egypte. Ce deuxième retour, aussi peu justifié que le premier, fut encore plus funeste à la France.

XI

LES CENT JOURS ; WATERLOO — LES TRAITÉS DE 1815 SAINTE-HÉLÈNE

Napoléon partit de l'île d'Elbe le 26 février 1815, avec une flotille de 7 bâtiments et 1.100 hommes. Il échappa aux croisières qui surveillaient l'île et débarqua, le 1er mars, près de Cannes. Il adressa, aussitôt, deux proclamations, au peuple et à l'armée. Au peuple il se présentait comme le défenseur de la révolution menacée par les Bourbons. A l'armée il disait : «... Soldats, dans « mon exil j'ai entendu votre voix. Je suis arrivé, à tra- « vers tous les obstacles et tous les périls. Votre général « appelé au trône par le vœu du peuple, et élevé sur « vos pavois, vous est rendu. Venez le rejoindre. Arra- « chez ces couleurs que la nation a proscrites, et qui, « pendant vingt-cinq ans, servirent de ralliement à tous « les ennemis de la France. Arborez cette cocarde trico- « lore que vous portiez dans nos grandes journées. La « victoire marchera au pas de charge. L'aigle, avec les « couleurs nationales volera de clocher en clocher jus- « qu'aux tours de Notre-Dame. Alors vous pourrez vous

« vanter de ce que vous aurez fait, vous serez les libéra-« teurs de la patrie... ».

Evitant la vallée du Rhône où il avait rencontré tant d'hostilité, il s'engagea dans les montagnes, traversa Grasse, Digne, Gap, avec sa petite troupe, qui se grossit, près de Grenoble, du 7e de ligne, que lui amena le colonel La Bedoyère, entra dans Grenoble, puis le 10 mars, dans Lyon, où il fut reçu avec enthousiasme. Il était aimé, à Lyon, pour les mêmes raisons qui le rendaient impopulaire à Marseille et à Bordeaux. Le blocus, en favorisant l'industrie lyonnaise, avait ruiné le commerce de nos grands ports.

De Lyon, il marcha sur Paris, fut rejoint le 17, à Auxerre, par le maréchal Ney, qui avait juré de défendre Louis XVIII, et le 20 mars, à 9 heures du soir, il rentrait aux Tuileries. Louis XVIII les avait quittées, le 19, pour se retirer à Gand. Les partisans des Bourbons avaient tenté, vainement, quelques résistances locales (à Bordeaux, à Toulouse, etc.) L'armée faisait défection, et partout reparaissait le drapeau tricolore. Du 20 mars au 22 juin 1815, Napoléon gouverna de nouveau la France. C'est ce qu'on a appelé la période des *Cent Jours*.

Il était plus difficile de la gouverner que de la reprendre. La France était fatiguée du despotisme, et épuisée par la guerre. Elle voulait, plus que jamais, ce qu'elle avait attendu des Bourbons : la liberté et la paix. Napoléon le savait. Pour se faire accepter, il se présenta comme transformé par le malheur, et prêt à faire de sages concessions. Il appela dans son premier ministère Davout (guerre), Caulaincourt (affaires étrangères) et le conventionnel Carnot (intérieur,) et il demanda des conseils à Benjamin Constant sur le nouveau gouvernement *qui convenait* à la France. Etait-il sincère ? Non. Mais ce par. était nécessaire à ses intérêts.

Benjamin Constant fut donc le principal rédacteur de l'*acte additionnel aux Constitutions de l'empire* qui fut promulgué le 23 avril. C'était la charte de Louis XVIII améliorée : deux chambres législatives, la responsabilité des ministres, le vote du budget, les libertés individuelles de la presse, des cultes, etc. Mais ce document ne produisit pas l'effet qu'en espérait Napoléon. On fut, surtout, blessé du titre, qui rattachait le nouvel empire à l'ancien, et trahissait l'arrière-pensée de Napoléon. L'acte additionnel ne pourait-il pas disparaître devant un nouvel acte qui rétablirait le despotisme ?

Cette Constitution dont Napoléon s'était réservé l'octroi, comme Louis XVIII pour la charte, au lieu d'en confier l'examen et la discussion à une Assemblée nationale, fut pourtant soumise au peuple. Elle obtint 1.500.000 voix contre 4.206. Mais qu'étaient ces chiffres auprès des millions de suffrages qui avaient consacré le Consulat et l'Empire ? Napoléon essaya de réchauffer l'enthousiasme public dans la cérémonie du *Champ de mai* où fut proclamé le résultat du plébiscite. Le Champ de mai ne put se tenir que le 1er juin. L'impression en fut glaciale et douloureuse. Il semblait que la France pressentît les malheurs qui l'attendaient. Napoléon ne *voulait* pas donner la liberté, et il ne *pouvait* donner la paix. Sa présence effrayait l'Europe.

Les souverains alliés, après avoir vu s'accomplir la Restauration et lui avoir fait signer le traité de Paris, (30 mai 1814), qui ramenait la France aux limites de de 1792, s'étaient donné rendez-vous à Vienne. Un congrès, formé des Etats qui avaient pris part à la coalition, devait s'y réunir pour organiser l'Europe sur des bases nouvelles, et plus conformes à l'équilibre européen troublé par Napoléon. Le congrès s'était ouvert en septembre. Malgré d'orageux débats qui avaient failli rompre l'accord des quatre puissances unies contre la France, le congrès avait pu découper les frontières à sa guise, partager les territoires, et distribuer les peuples. Il avait refait l'Europe comme Napoléon l'avait défaite, au nom du même principe, celui de la force, et avec le même mépris des droits des peuples. Cette besogne terminée, et l'appétit des rois satisfait, le congrès allait se séparer, quand Napoléon débarqua de l'île d'Elbe.

La nouvelle en fut connue à Vienne le 8 mars. Le 13 le congrès publiait une déclaration collective qui mettait Bonaparte « *hors les relations civiles et sociales* » et le livrait « *à la vindicte publique.* » Le 25, l'Angleterre, la Russie, l'Autriche et la Prusse, s'engageaient à consacrer toutes leurs forces à une nouvelle guerre contre Napoléon. Elles firent revenir leurs troupes sur la France qui se trouva mise au ban de l'Europe, et l'objet des plus violentes menaces. On ne parlait de rien moins que de la démembrer et de la supprimer. Le *Mercure du Rhin*, rédigé sous l'influence de Stein, disait : « Il faut anéantir les Français comme peuple. Le monde ne peut rester en repos tant qu'il existera un peuple français. » — Tel était le résultat du retour de Napoléon.

Napoléon s'y attendait, mais, pour se maintenir, il essaya de cacher l'horizon où s'amoncelaient les nuages.

Il fit croire qu'il pouvait obtenir la paix, qu'il était secrètement d'accord avec son beau-père, etc. Puis, pour donner créance à ces faux bruits, il s'interdit d'avoir recours aux mesures énergiques et extraordinaires. Il aurait fallu déclarer la patrie en danger. — Elle était donc menacée? — Il aurait fallu décréter la levée en masse. Comme en 1814, il ne voulut compter que sur l'armée, et l'armée elle-même ne fut pas préparée avec l'activité nécessaire. L'armée que lui avait laissée la Restauration, s'élevait au 1er avril à 224.000 hommes. Il ne fit que la porter, en 2 mois, à 276.000. Il avait ordonné la création de 400 bataillons de garde nationale mobile. Il n'avait réuni, au mois de juin, que 150.000 hommes à peine équipés et armés. Les ouvriers de Paris s'étaient formés en bataillons de *fédérés* de la garde nationale; ils ne reçurent pas d'armes. Enfin, ce n'est que le 1er mai qu'il songea à fortifier la ville. Les travaux lentement conduits ne furent pas achevés sur la rive gauche. C'est la politique qui fit commettre ces énormes fautes, que la stratégie fut impuissante à réparer, et sur lesquelles comme sur tant d'autres, Napoléon a essayé d'égarer l'opinion [1].

La coalition dirigeait contre la France 800.000 hommes. Mais deux armées occupaient déjà la Belgique; l'armée anglaise d'Espagne, sous Wellington, grossie de contingents hollandais, hanovriens, etc. (100.000 hommes;) l'armée prussienne de Silésie, sous Blücher (120.000 hommes.) Napoléon avait à choisir entre deux plans: attaquer les Anglais et les Prussiens en Belgique,

[1] La légende de la campagne de 1815 a disparu devant le livre du colonel Charras sur Waterloo (1858).

pendant que les Autrichiens et les Russes étaient encore en Allemagne, les accabler et se retourner contre ses nouveaux adversaires ; ou bien laisser entrer les alliés en France et renouveler la campagne de 1814. Le premier plan était plus conforme à ses habitudes militaires, mais le deuxième lui laissait plus de temps pour s'organiser. Le premier lui rendait aussitôt le prestige de la victoire, il pouvait revenir et parler en maître. Le deuxième le forçait d'attendre, de gouverner avec les chambres etc. C'était une contrainte qu'il ne pouvait subir. Malgré Carnot, il prit le premier parti, le plus dangereux. Une seule bataille allait décider du sort de la France.

Le 7 juin, Napoléon convoqua les Chambres, se borna à faire appel à leur patriotisme, et partit le 12. Le 14, il était sur la frontière de Belgique, avec 128.000 hommes, auxquels il révéla toute la grandeur du péril qu'il avait caché à la France. « C'est à l'indépendance « de la France, qu'en veulent les princes coalisés. Pour « tout français qui a du cœur, le moment est venu de « vaincre ou de périr. » (Proclamation datée d'Avesnes, du 14 juin).

L'armée répondit dignement à cet appel. Elle était à la fois composée de vieux soldats, revenus de captivité, de jeunes gens aguerris dans la campagne de France, et de conscrits, frais sortis de leurs familles. Mais tout cela s'était promptement fondu en une masse solide, énergique, animée d'un seul esprit, poussée par une seule passion, et la plus noble, le patriotisme, telle enfin que Napoléon n'eut jamais de plus vaillante armée, ni de plus véritablement nationale. Mais cette armée se défiait de ses chefs dont la conduite était si étrange depuis 1814 ;

Berthier, le major général, si précieux à Napoléon, avait été remplacé par Soult, la veille encore ministre de Louis XVIII ; enfin, Napoléon lui-même vieilli, fatigué, hésitant, allait commettre des fautes militaires. Tout cela, malgré l'héroïsme de l'armée, aboutit à Waterloo.

Napoléon se proposait de séparer Blücher, qui était à Namur, de Wellington, qui était à Bruxelles, de les écraser isolément, de rejeter les Prussiens sur le Rhin et les Anglais dans la mer. Le 15 juin, il passa la Sambre. Le 16, il attaqua les Prussiens à *Ligny*, non loin de Fleurus. Après une lutte acharnée il resta maître du champ de bataille. Mais il ne fit pas donner ses réserves qui auraient changé la défaite en déroute. En outre, Ney, arrêté le même jour, aux *Quatre Bras*, par les Anglais, ne put venir en aide à Napoléon, de sorte que Blücher remonta vers le nord, en évitant la poursuite de Grouchy pour se rapprocher de Wellington.

Le 17 on perdit toute la matinée. A midi seulement, on prit la route de Bruxelles, pour camper le 17 au soir, devant l'armée anglaise, qui avait pris position sur la hauteur du mont Saint-Jean, près du village de Waterloo. Elle comptait 70.000 hommes, et 150 canons. Napoléon en avait 72,000, et 240 bouches à feu : Ce qu'il avait à faire était très-simple, et il ne doutait pas du succès : battre Wellington avant l'arrivée de Blücher et accabler Blücher à son tour, lorsqu'il paraîtrait sur le terrain, pour porter secours aux Anglais. Il ignorait que le général Grouchy n'avait pu atteindre les Prussiens durant la journée du 17, et que ceux-ci, en toute hâte, marchaient aux Anglais.

Le 18, la bataille commença trop tard, à onze heures et

8

demie. (Il avait plu toute la nuit). Elle commença mal, par une attaque sur la droite anglaise, qui échoua devant la terrible résistance du château de Goumont. A une heure, Napoléon fit attaquer le centre et la gauche. Le centre groupé autour de la Haie sainte se défendit avec une opiniâtre énergie. Les efforts de Ney finirent par en triompher, et les Français s'établirent au pied du plateau.

Il faut alors entamer la gauche par où les Anglais attendent les Prussiens. Il est quatre heures. Deux divisions de cuirassiers, les chasseurs à cheval, les lanciers de la garde, 5.000 chevaux, gravissent le plateau au grand trot, et chargent les Anglais. Après une mêlée effroyable, décimés à bout portant par l'infanterie des ennemis, rompus par leur cavalerie, les cuirassiers redescendent le plateau. Tout à coup, le canon retentit à droite. — C'est Grouchy? — Non, c'est Bulow avec 30.000 Prussiens, qui entrent en ligne. Ney rassemble encore la cavalerie. Cuirassiers, chasseurs, lanciers, carabiniers, dragons de la garde, 10.000 chevaux se précipitent sur l'infanterie anglaise, dont les rangs sont abattus, sabrés, piétinés, mais qui se cramponne au plateau avec une ténacité extraordinaire. Que Napoléon envoie de l'infanterie, et dans un dernier élan les Anglais seront écrasés. Mais Napoléon n'envoie rien. Tous ses efforts sont tournés contre les Prussiens. Il a opposé Lobau à Bulow, et il le fait soutenir par la jeune garde. La lutte est engagée sur toute la ligne. Il est plus de sept heures, la nuit tombe. Le canon redouble à droite. — Cette fois, c'est Grouchy? — Non, c'est Blücher, avec 30.000 hommes. Pressés sur leur front par Wellington, sur les flancs par Bulow et Blücher, nos soldats essaient en vain de résister, les rangs sont rompus, la panique s'y jette, la déroute commence. Quelques bataillons de la vieille garde, avec Cambronne, qui font encore face à l'ennemi, sont entraînés par le flot, et toute l'armée s'écoule, comme un torrent, sur la route de Charleroi.

— « Journée incompréhensible ! dit Napoléon [1]. Con« cours de fatalités inouïes ! Y a-t-il eu trahison ? n'y a« t-il eu que du malheur ? Et pourtant tout ce qui te« nait de l'habileté a été accompli. — « Il n'y a pas eu de *fatalités*, il n'y a eu que des *fautes*, fautes politiques et militaires accumulées depuis le 20 mars, et dont le dernier terme fut la journée décisive du 18 juin. Mais ce qui restait debout, dans cet écroulement de l'Empire, c'était l'honneur de l'armée. 72.000 hommes avaient lutté contre 130.000, et leur en avaient tué 22.000. Nous perdions 35.000 hommes, mais pas un drapeau. « Après « cette lecture, dit le colonel Charras, en parlant de « son livre (Waterloo), un homme paraîtra peut-être « bien diminué ; mais, en revanche, l'armée française « en paraîtra plus grande, la France, moins abaissée. » N'est-ce pas aussi ce que dit le poète, auquel il faut toujours revenir, car nulle voix n'a plus magnifiquement traduit que la sienne les grandeurs et les désastres de l'épopée impériale :

O Waterloo ! je pleure et je m'arrête, hélas !
Car ces derniers soldats de la dernière guerre,
Furent grands ; ils avaient vaincu toute la terre,

[1] Campagne de 1815, par le général Gourgaud.

Chassé vingt rois, passé les Alpes et le Rhin,
Et leur âme chantait dans les clairons d'airain.

(V. Hugo : *L'expiation*).

Après Waterloo, Napoléon voulut rallier les débris de l'armée à Laon ; mais il en laissa le soin à Soult, et revint à Paris, le 20 juin, épuisé et abattu. Qu'allait-il faire ?

Paris était encore une fois menacé par la coalition. Les Chambres ne virent qu'un remède au danger, l'éloignement de Napoléon.

Dès le 21, la Chambre des représentants se déclara en permanence et s'empara du pouvoir exécutif. Le 22, elle réclama l'abdication. En dépit des excitations de son frère Lucien qui poussait à un coup de force contre l'assemblée, à un nouveau 19 brumaire, Napoléon abdiqua, presque aussitôt, en faveur de son fils. Mais la Chambre constitua un *gouvernement provisoire* de 5 membres, qui administra les affaires sous l'influence de Fouchet.

Retiré à la Malmaison, Napoléon voulait encore combattre. Il offrit de commander les 70.000 hommes que Soult et Grouchy venaient de ramener du Nord. Le gouvernement refusa de courir une dernière aventure, qui ne préservait pas la France et qui pouvait attirer sur elle d'irréparables malheurs. Dans la crainte d'être livré aux alliés, Napoléon partit le 29 juin pour Rochefort d'où il espérait gagner les Etats-Unis. Mais la mer était déjà fermée par les Anglais. Il s'en remit alors à leur discrétion. Il écrivit au prince régent d'Angleterre, la lettre suivante : « Altesse Royale, en butte aux fac« tions qui divisent mon pays et à l'inimitié des puis« sances étrangères, j'ai terminé ma carrière politique, « et je viens, comme Thémistocle, m'asseoir au foyer « du peuple britannique. Je me mets sous la protection « de ses lois, que je réclame de votre Altesse Royale « comme du plus puissant, du plus constant et du plus « généreux de mes ennemis. » Puis, il se rendit, le 15 juillet, à bord du *Bellerophon*, mouillé dans les eaux de l'île d'Aix.

Le capitaine,qui n'avait pas reçu d'ordres le conduisit en Angleterre. Il y fut déclaré prisonnier de guerre, et transporté à Sainte-Hélène. Il y arriva le 17 octobre, avec quelques amis fidèles, MM. Montholon et de Las Cases, les généraux Gourgaud et Bertrand. C'est sur ce rocher isolé, à neuf cents lieues de la côte d'Afrique, à deux mille lieues de l'Europe, et sous la surveillance du gouverneur Hudson Lowe qu'il passa ses dernières années. Cet homme fait pour agir, combattre, organiser, travailler, était condamné au repos forcé à perpétuité. Il sentit qu'il en mourrait. Alors, il écrivit ses mémoires: *Mémorial de Sainte-Hélène*, que publia M. de Las Cases; *Campagnes d'Egypte et de Syrie*, que publia le général Bertrand; *Campagne de 1815*, que publia le général Gourgaud; etc. Il travailla à tromper la postérité, comme il avait trompé ses contemporains, et il prépara complaisamment cette légende impériale, que l'éloignement devait grandir, et les fautes des Bourbons rendre populaires.

Une maladie de l'estomac, héréditaire dans sa famille et développée par le climat de Sainte-Hélène, acheva de le tuer. Il mourut le 5 mai 1821[1].

« Cette terrible fin d'un pareil homme et d'un pareil régime, a excité des récriminations bien violentes, des lamentations bien amères et bien éplorées. L'histoire, la poésie, le théâtre, le pamphlet, la littérature, tous les arts, y ont trouvé une source intarissable d'inspiration... « Pour moi, je le dis bien haut, je contemple d'un œil sec Napoléon cloué sur un rocher au milieu des mers. Je réserve mes larmes pour ceux qui furent victimes de son ambition. » (Colonel Charras).

Avant même que Napoléon eût quitté la France, les Bourbons étaient remontés sur le trône.

Fouché, l'agent principal de la deuxième restauration comme Talleyrand de la première, avait hâté la marche de Wellington et de Blücher sur Paris. La ville capitula le 3 juillet, sans essayer de résistance, et les alliés y entrèrent le 7, tandis que l'armée française se retirait sur la Loire. Le 8, Louis XVIII, qui suivait les alliés, pas à pas, reprit possession des Tuileries.

Le 20 novembre, il signa le deuxième traité de Paris. De ses limites de 1792, la France était cette fois, ramenée à celles de 1790. Elle perdait encore, dans le Nord, Philippeville, Marienbourg, Bouillon ; dans l'Est, Sarrelouis, patrie du maréchal Ney, Landau, toute la Savoie et Chambéry ; plus d'un demi-million d'habitants. Il n'avait pas tenu aux Allemands qu'elle ne perdît da-

[1] Ses restes furent ramenés de Sainte-Hélène par les soins du roi Louis-Philippe en 1840, et déposés aux Invalides, à Paris.

vantage. Les Prussiens réclamaient l'Alsace, la Lorraine, la Flandre, une partie de la Champagne et de la Franche-Comté. L'attitude du tsar Alexandre, plein d'une noble sympathie pour la France, calma leurs exigences. Ils les réservèrent pour une occasion meilleure. Le second Empire devait la fournir plus tard.

Une armée étrangère de 150.000 hommes, entretenue aux frais de la France, devait l'occuper pendant 5 ans. En outre, la France s'engageait à payer aux puissances alliées une contribution de guerre de 700 millions. Enfin, tous les Etats, petits et grands, demandèrent une indemnité pour les dommages que leur avaient causés les guerres de l'Empire. Le tout représenta une charge de plus d'un milliard qui s'ajouta à toutes celles qui pesaient déjà sur la France. Deux invasions en moins de quinze mois, deux traités désastreux, la France privée de ses frontières naturelles et réduite à des frontières conventionnelles et vulnérables ; deux millions d'hommes sacrifiés ; une énorme rançon à payer ; l'humiliation d'une occupation étrangère ; le territoire ravagé pour de longues années, voilà ce que nous coûtait l'Empire, et ce qui permettait, déjà, d'apprécier les résultats matériels de ce régime.

Il y en avait d'autres.

CONCLUSION

Le moment est venu, en effet, de juger ces quinze années, si remplies, et que nous avons essayé de renfermer dans si peu de pages.

Bonaparte s'était emparé de la France, au 19 brumaire 1799. Il ne la laissa qu'en avril 1814, pour la reprendre trois mois en 1815. Qu'en a-t-il fait? — L'unique instrument de son ambition, au dedans; de sa passion pour la guerre, au dehors.

Au dedans, la révolution avait détruit l'ancien régime. A la centralisation excessive elle avait substitué l'autonomie absolue; à la confusion des pouvoirs dans la main d'un seul, la diffusion des libertés entre les mains de tous. Elle n'avait pas seulement affranchi la société, elle avait en quelque sorte émancipé l'individu, de sujet devenu citoyen. Le citoyen échappait désormais au despotisme par ses droits politiques, aux iniquités sociales par l'égalité civile, à la servitude intellectuelle par le progrès de l'instruction et la liberté de la parole et de la plume; à l'oppression religieuse, par la séparation de l'Eglise et de l'Etat. Enfin, ses facultés pouvaient se développer dans tout l'épanouissement de leur indépendance.

Au dedans, le Consulat fut la préparation savante de l'Empire, et l'Empire fut un brusque retour à l'ancien régime, rajeuni et transformé. La centralisation reprit la place de l'autonomie, l'Etat redevint tout, l'individu rien. Il n'y eut plus qu'un homme dans l'Empire, l'empereur. Les droits politiques, exercés par des assemblées sans liberté, ne garantirent pas contre les excès du pouvoir central ; l'égalité civile, en dépit du Code, fut violée par la création d'une noblesse nouvelle ; et le droit d'aînesse reparut dans les majorats ; la liberté intellectuelle fut supprimée par la censure, atteinte par l'abandon de l'instruction publique ; la tolérance religieuse s'effaça devant la reconstitution d'un clergé privilégié. Enfin, l'indépendance même de l'individu, Napoléon la combattit par des titres et des faveurs, par la Légion d'honneur, par l'argent même, car tous ses moyens de gouvernement furent pris parmi ceux qui rabaissent les hommes. C'est ainsi qu'en allant contre tous les résultats de la révolution, au dedans, Napoléon se montrait selon l'expression de Mme de Stael, le *premier des contre-révolutionnaires*.

Que s'était proposé la révolution, au dehors? Elle avait eu d'abord à repousser la coalition des rois. Puis, pour mieux assurer sa défense, elle avait résolu d'étendre la France jusqu'à ses frontières naturelles. En trois ans elle y avait réussi (1792-95) ; mieux que l'ancien régime en trois siècles.

Du jour où la paix fut rétablie sur le continent, et du jour où elle fut obtenue sur les mers, par le traité d'Amiens (1802), la France ne demandait qu'à en recueillir les bienfaits. Elle voulait travailler, produire, s'enri-

choisir et employer tous ces hommes sortis des entrailles de la France nouvelle. Il y avait alors une somme prodigieuse d'aptitudes, de lumières, de talents qui pouvait se répandre dans tous les domaines, et faire de la France libre le pays le plus merveilleusement servi qui fût jamais.

Mais Bonaparte était là. Toutes ces forces prêtes, il les concentra dans sa main pour les déverser, au dehors, dans la guerre, et quelle guerre? non de défense, la France n'était plus menacée. Mais guerre de provocations sans trêve et de conquêtes sans mesure, jusqu'au jour où il laissa retomber la France épuisée, et par deux fois démembrée, aux pieds de l'Europe coalisée. C'est ainsi qu'en poussant au dehors la Révolution, et en provoquant contre elle tant de représailles, Napoléon était encore, comme au dedans, son plus funeste ennemi.

Voilà pourquoi il ne faut pas confondre la Révolution et l'Empire, comme l'ont fait les ennemis de la Révolution et les amis de l'Empire.

A mesure que cette époque s'éloigne de nous, et que l'horizon s'élargit, on voit peu à peu la Révolution se détacher de l'Empire, comme une haute cime qui émerge du massif où elle était jusqu'alors noyée. Le domaine apparaît plus distinct de l'une et de l'autre période. La Révolution reste avec ses immortels principes, ses constitutions libérales, ses fondations sociales équitables, ses guerres de propagande et de délivrance, son amour de la paix et de la fraternité ; l'Empire avec ses conceptions chimériques, ses institutions oppressives, ses inégalités sociales, ses guerres d'emportement et de convoitise, sa fureur de conquête et son mépris de l'humanité. La Révolution, mieux connue, se fait aimer davantage, l'Empire, étudié de plus près, n'excite que l'irritation et la haine.

Sachons donc cette double histoire, à la fois pour rester fidèles à la Révolution, et pour apprendre par la leçon de l'Empire, à ne plus nous confier à un seul homme. Il y a quelque chose de plus beau que le Bulletin de la Grande armée, c'est la Déclaration des Droits de l'homme ; il y a quelque chose de plus précieux que la gloire, c'est la liberté.

TABLE DES MATIÈRES

Préface. 9

I. — Le Consulat et la Constitution nouvelle. Le premier consul Bonaparte. 11

II. — Le Consulat. Gouvernement intérieur. Créations et réformes. 22

III. — Le Consulat. Histoire militaire. Marengo et Hohenlinden. Les traités de Lunéville et d'Amiens. 34

IV. — L'Empire et la cour impériale. Le camp de Boulogne 3e coalition. Austerlitz et Presbourg. 47

V. — La quatrième coalition. Guerre avec la France et avec la Russie. Traité de Tilsitt. 59

VI. — Le blocus continental. Les affaires d'Espagne. 5e coalition. 70

VII. — L'Empire en 1811. L'administration impériale. 81

VIII. — Campagne de Russie. Sixième coalition. L'Europe soulevée contre la France. 96

IX. — L'invasion. La campagne de France. La première Restauration. 113

X. — Les Cent Jours. La septième coalition. Waterloo et Sainte-Hélène. 128

Conclusion. 140

FIN DE LA TABLE

Imprimerie de DESTENAY, Saint-Amand (Cher).

www.ingramcontent.com/pod-product-compliance
Ingram Content Group UK Ltd.
Pitfield, Milton Keynes, MK11 3LW, UK
UKHW020150200726
13856UKWH00003B/925

9 782012 888951